Refranes de mis recuerdos

Refranes de mis recuerdos

Susana Arredondo Laclette

Número de Control de la Biblioteca del Congreso de EE. UU.:   2014906139
ISBN: Tapa Dura   978-1-4633-8123-3
                     Tapa Blanda   978-1-4633-8122-6
                     Libro Electrónico   978-1-4633-8121-9

Este libro fue impreso en los Estados Unidos de América.

Fecha de revisión: 03/06/2014

Para realizar pedidos de este libro, contacte con:
Palibrio LLC
1663 Liberty Drive
Suite 200
Bloomington, IN 47403
Gratis desde EE. UU. al 877.407.5847
Gratis desde México al 01.800.288.2243
Gratis desde España al 900.866.949
Desde otro país al +1.812.671.9757
Fax: 01.812.355.1576
ventas@palibrio.com
492450

Este libro que ha sido una recopilación hecha durante varios años, lo dedico a la memoria de mis padres el licenciado en Derecho Carlos Arredondo Olvera y María Elena Oliveros, quienes sembraron en mí el deseo de superación; a mi esposo Ingeniero Fernando Laclette por su amor y el apoyo que me ha dado, a mis hijos Luis Enrique y Susy Macías Arredondo, a mis nietos Juan Pablo, Luis Enrique, Diego y Eugenio, que ocupan mi corazón; y a todos mis familiares y amigos que en algún momento han aportado su comprensión, entusiasmo y alegría.

Susana Arredondo Laclette.

Prólogo

Una gran parte de la sabiduría popular son esas frases breves e ingeniosas, que en pocas palabras expresan el conocimiento de las costumbres y son un pequeño resumen de sabiduría popular. Durante mucho tiempo estas coloquiales ideas formaron parte importante de la enseñanza y se transmitieron de padres a hijos; son manifestaciones claras del ingenio, de la observación y de la experiencia y fueron mil veces repetidas: algunas de ellas han pasado de moda, pero la mayoría siguen vigentes. Sin embargo se ha ido perdiendo la valiosa tradición de herencia hispana, porque un absurdo modernismo nos ha invadido, no sólo en cuanto al lenguaje, sino también respecto a la comunicación entre los padres y sus hijos. Afecta la falta de convivencia familiar y la desintegración de la misma, la influencia de la TV y el internet, que han distorsionado los valores tradicionales de las familias. Se han filtrado costumbres importadas de otros países que no tienen mucho en común con México y los países iberoamericanos, lástima que sólo se contagie lo malo, porque la puntualidad, la responsabilidad, la honestidad y el respeto a las leyes, que practican los ciudadanos de otros países, no las tomamos en cuenta, ni conservamos aquellas tradiciones que nos enriquecieron, siendo factores fuertes de la unión, el desarrollo y el progreso que tanta falta nos hacen, especialmente en los últimos años, ya que la violencia, la desconfianza y la inseguridad, son los elementos negativos que predominan.

Mi padre alguna vez tuvo el deseo de hacer una recopilación de refranes y un día de tantos y en homenaje a él, comencé a escribir unos cuantos que recordaba y cuando me dí cuenta, eran más de lo que me imaginaba. La gran mayoría tienen su origen en la obra de Miguel de Cervantes Saavedra, "Don Quijote de la Mancha" también llamado El Caballero de la triste figura; otros provienen de la Sagrada Biblia y muchos otros se originan en las distintas regiones, según la influencia racial, el clima y las costumbres. Muchos los aprendí de labios de Papá, otros de Mamá, de mis maestros y otros tantos al paso de la vida, que es gran maestra. Aquellos que aprendí siendo una niña forman parte de mis recuerdos más preciados y me han traído evocaciones de aquella muy lejana época, agradeciendo a Dios y a mis queridos padres el don de la vida y de aquella feliz convivencia familiar con mis hermanos. Todo pertenece al pasado, un tiempo que no regresa, pero en la memoria reviven aquellos recuerdos felices que forman parte esencial de cada persona. Quiero compartir con ustedes los refranes, dichos y dicharachos que no me pertenecen al haberlos recopilado con interés y curiosidad, sino que son comunes a todos los que crecimos con estas enseñanzas prácticas y enriquecedoras. Mi deseo es que los disfruten....

Susana Arredondo Laclette.

"A Celaya, por mal que te vaya".

Nací en La Piedad, Michoacán y a los pocos días me llevaron mis padres a Celaya, Guanajuato, que fue la ciudad donde me crié y pasé la mayor parte de mi vida anterior y tiene una antiguedad de más de 400 años desde que la fundaron un grupo de personas de origen vascuence, está ubicada geográficamente en el centro de la República Mexicana; como la mayor parte de las ciudades provincianas, tiene costumbres muy conservadoras, no es muy grande, donde quiera encuentra uno conocidos, tiene un clima templado, muy agradable la mayor parte del año y en tiempos anteriores la mayor parte de sus pobladores dependían de la agricultura y el comercio. *"Pueblo chico, infierno grande"*, así que cualquier noticia o acontecimiento corre como reguero de pólvora, a veces es noticia, otras es simplemente: "chisme"; las actividades sociales llenan un espacio muy importante en el diario acontecer de los celayenses, que son gente muy cordial. A últimos años se han incrementado las actividades que dependen de la industria y debido al crecimiento y las necesidades la ciudad ha crecido y ha cambiado. Ha sido llamada La Puerta de Oro del Bajío y es una de las ciudades de mayor importancia en el estado, además de su excelente comunicación con otras ciudades dentro de la zona central del país y con muchos otros lugares. Desde hace muchos años se elabora variedad de dulces caseros a base de leche de cabra: jamoncillos, natillas, chiclosos y las famosas cajetas de sabores variados que han merecido gran fama, se han industrializado, en un principio se envasaban en típicas cajitas de madera y ahora se utilizan envases de vidrio. En esta ciudad vive toda mi familia y por azares del destino cambié mi residencia a los Estados Unidos, un país donde no me imaginaba que llegaría a ser mi segunda patria, de tal manera que *"No es tu tierra donde naces, sino donde la haces"* estar en un país diferente y al ser distintas las costumbres, el idioma y muchas otras cosas, representa un gran esfuerzo de adaptación, con la buena voluntad de vivir bien en armonía con los demás, lo cual es posible, haciendo ejercicio de tolerancia y respeto, sin tratar de criticar o atacar, conservando las propias raíces y tratando de hacer bien las cosas, uno se va llenando de satisfacciones al fijarse metas e irlas alcanzando.

Poco a poco he conocido muchas personas valiosas, nuevos amigos en un círculo muy cálido de compatriotas y otros procedentes de distintos países de habla hispana, con quienes compartimos el mismo idioma y muchos valores que nos identifican, entre ellos muchos refranes que vienen de la misma herencia común que nos enlaza, reconociendo que *"Nadie es profeta en su tierra"*. Cada lugar tiene sus características y problemas, sólo que aquí se resuelven con mayor rapidez.

"A la tierra que fueres, haz lo que vieres", a cualquier parte a donde vayamos ya sea en plan temporal o de manera definitiva es muy importante la aceptación y el respeto por las costumbres de otros lugares, sin tratar de imponer lo nuestro, ya que buscando el lado positivo de las cosas, siempre lo vamos a encontrar. Mi vida anterior transcurrió normalmente, con sus altas y bajas, igual que la mayoría de las personas. Después de cuarenta años de casada, quedé viuda y tengo dos hijos Luis Enrique y Susy, cuatro nietos que se llaman por orden de aparición: Juan Pablo, Luis Enrique, Diego y Eugenio, muy importantes en mi vida. Sentía una gran paz, en mis pensamientos no imaginaba tener un nuevo esposo y sin buscarlo, llegó a mi vida el que había sido mi noviecito en la juventud quien también había perdido a su primera esposa, la madre de sus tres hijos; y *"Donde hubo fuego, cenizas quedan"*, en el reencuentro descubrimos que teníamos muchas afinidades en común, evocando aquellos tiempos pasados, rescatamos los dulces recuerdos, afirmando los sentimientos que nos enlazan y decidimos casarnos, reafirmando que *"Matrimonio y mortaja, del cielo baja"*. Agradezco a Dios la oportunidad que me dió al rehacer mi vida y encontrar una felicidad que no esperaba.

La semejanza con los árboles se menciona de variadas maneras: **"Arbol que crece torcido, nunca su tronco endereza"** porque a medida de que avanzábamos en edad y ser corregidos en nuestro comportamiento, los caprichos, defectos o rebeldías para que no se volvieran malos hábitos. *"El que a buen árbol se arrima, buena sombra* *le cobija"*, debido a que una buena influencia siempre es favorable, en cualquier situación de la vida, sea en sentido real o figurado y puede estar relacionada con buena protección o consejo, con ayuda y protección, muchas veces asociada con gente muy bien posicionada en el ámbito social o político, decimos que son "palancas" que pueden ser representadas por un buen 'padrino' o alguien con muy buenas influencias que facilitan la ayuda en asuntos muy importantes, porque en algunas ocasiones no importa lo que sabes, sino a quién conoces.

Mis padres al igual que la mayor parte de los padres latinoamericanos, con el deseo de darnos buenas enseñanzas y siguiendo una tradición ancestral, nos inculcaron muchos refranes, repetidos miles de veces, hasta el cansancio, que han quedado grabados en la memoria de muchísimas generaciones, haciendo referencia a muchas semejanzas, tan reales y tan sencillas como *"El que con lobos anda, a aullar se enseña"*, en alusión a las malas compañías y haciendo la recomendación de que se cultiven las buenas amistades, lo cual es de gran importancia en todas las etapas de la vida, pero esencial en las primeras, que es cuando se adquieren los hábitos que se transforman en costumbres y se llevan casi pegadas en la piel, haciendo hincapié en que *"El agua y el aceite no se pueden juntar"* para fomentar amistades que fueran recomendables a nuestra manera de vivir. Aunque *"El hábito no hace al monje"* ya que no solamente es la manera de vestir, sino un sistema de comportamiento y disposiciones aplicables no sólo a la vida en los conventos y monasterios sino a toda la gente y en cualquier actividad, sabido es que en cualquier grupo de personas siempre hay normas y reglamentos que se deben respetar en beneficio de todos, una disciplina que obliga al ajuste de las condiciones personales con las necesidades de otros, representa un sacrificio pero es una necesidad para la convivencia armoniosa.

Nos repetían que *"Genio y figura hasta la sepultura"* ya que el carácter se va forjando desde el principio, pero se puede moldear por lo que es mejor comenzar pronto en la buena educación de los hijos, porque dejarlo para después ocasiona perder un tiempo muy precioso, tomando en cuenta que los niños son muy inteligentes, todo lo perciben y lo absorben, en ocasiones llegan a tomarles el pelo a sus padres. *"No le pidas peras al olmo"* o sea que no esperes lo que no es lógico, no te desanimes porque las cosas no son como tú las estabas planeando, ya que en ocasiones no están dentro del orden dispuesto. *"Al árbol, por sus frutos lo conocerás"*, observando las buenas acciones que algunas personas realizan y al contrario, es mejor evitar el trato con personas de comportamiento anormal o dudosa reputación que te pueden ocasionar algún problema y que *"Del árbol caído, todos quieren hacer leña"*, si alguien ha caído en desgracia por un error propio o por su mala suerte, hay quienes tratan de aprovecharse de esa triste situación, para sacar ventaja y muchas veces lo hunden, en vez de darle la ayuda necesaria, la comprensión o un sentimiento caritativo que por lo menos lo conforte en esa triste situación.

"Obras son amores, que no buenas razones", porque se habla de lo que uno quiere hacer, pero no lo realiza y solamente queda en plática, construimos *"Castillos en el aire"* y se desvanecen porque no tienen fundamento; es muy fácil hacer promesas sin asumir un compromiso en serio, porque *"Prometer no empobrece, dar es lo que aniquila"*, en ese camino de las promesas fáciles, me parece que los políticos son expertos en convencer a los ciudadanos endulzándoles el oído, igual que los enamorados, cuando le hacen promesas de amor a la mujer a fin de conquistarla y obtener sus favores sin comprometerse a cumplir. Es común escuchar: *"La dejaron como novia de rancho, vestida y alborotada"*, en mis años jóvenes era muy delicado que una señorita decente tuviera libertades en su trato con hombres, los permisos para salir no eran discutibles, asegurándose que nos acompañara una persona mayor o los hermanos; de manera que las amistades, las fiestas, los horarios, eran debidamente controlados por la autoridad paterna. Ahora los jóvenes, tanto los hombres como las mujeres van y vienen a la hora que se les antoja, sin tener la menor atención, sin pedir permiso; tal parece como que *"No tienen padre ni madre ni perro que les ladre"*, demostrando indiferencia e incomunicación, por simple cortesía deberían avisar a la hora que salen y a qué horas van a regresar.

Era muy frecuente que donde había un joven varón y cerca vivían señoritas, la mamá del muchacho advertía *"Amarren sus pollitas que mi gallo suelto está"*, para que después no resultaran sorpresas y/o reclamaciones. A veces nos costaba mucho entender esas imposiciones tan estrictas, pero nos decían que *"Entre santa y santo, pared de cal y canto"* una seria recomendación para evitar el exceso de confianza entre hombres y mujeres, porque también se nos decía que *"En arca abierta hasta el más justo peca"* debido a la frágil naturaleza humana es difícil resistir las tentaciones y solamente con voluntad y buenos principios se superan algunas situaciones que incluyen las relaciones personales y el respeto a los bienes ajenos. Fueron costumbres de muchísimos años, que se han perdido, pero que en la época actual se han ido al extremo, porque *"De los abracijos, nacen los hijos"* quienes son los que muchas veces sufren las consecuencias de que sus padres no tengan un verdadero amor como pareja y se desentienden de ellos. Consejos a montones, dichos y repetidos, *"Del plato a la boca, se cae la sopa"*, para que no confiáramos con seguridad en un muchacho que nos cortejaba y le creyéramos todas sus palabras, unas llenas de sinceridad, otras, plagadas de falsedad y reafirmando lo anterior hay otra frase *"Con el pie en el estribo, muchos se quedan colgando"* que también es válido para quienes dan por seguro un deseo, plan o proyecto, sin tener mucho fundamento sino que más bien lo tienen en su imaginación.

Recuerdo mucho una costumbre que venía de muchos años atrás, que para enamorar a una mujer, el hombre galante, en el plan de conquistarla, acostumbraba decir "piropos", frases de elogio y admiración, que prodigaban para convencer o enamorar. Aquellos "requiebros' dulces halagaban el oído y llegaban al corazón o el "ego" de las damas; dentro de ese amplio repertorio había mucha poesía: ternura, delicadeza, admiración, cierta picardía o un poquito de atrevimiento, lo mismo que una pasión arrebatadora y los galanes ofrecían un ramillete de flores verbales que acompañaban a las flores reales con el fin de lograr el amor. Las serenatas románticas no faltaban en esos tiempos del cortejo, del noviazgo dulce o apasionado, en vista de que todo ha cambiado, no está de más recordar aquellas costumbres. Entre las sutilezas del lenguaje que acaricia, es muy satisfactorio escuchar un comentario de aprobación, un elogio amable, que sea estimulante para la otra persona, aunque sea de mujer a mujer, de un hombre a otro hombre o a un niño, un reconocimiento que eleve la autoestima; en realidad cuesta poco, pero vale mucho, procurando ver con los ojos del alma, más allá del aspecto físico, estimulando las aptitudes y esfuerzos, porque es muy frustrante escuchar a personas que sólo abren la boca para censurar; es penoso que algunos que se sienten superiores y por lo tanto, se muestran cerrados a reconocer el valor o los méritos de otros, especialmente en los niños o en los no muy favorecidos por la naturaleza. *"Gracias por la flor, mañana vengo por la maceta"*, es la respuesta a un cumplido y aún se sigue diciendo. Una jovencita que usaba gruesos anteojos, muy a su disgusto, pero por mucha necesidad y un día escuchó al pasar: "qué lindos sus ojitos, que hasta tienen su vitrina". A otra chica de cuerpo muy escultural le decían "no cabe duda que tu padre es tornero" y también "calabacitas tiernas, ay, qué bonitas piernas" 'olé por la gracia', en fin que eran muchos y surtidos los piropos que se oían al pasar.

Eran comunes las casas estilo colonial mexicano, muy amplias, con suficiente espacio para las familias numerosas y había patios, pasillos y corredores, donde el principal adorno eran las plantas que debido al buen clima reinante en mi país y en otros países hermanos, durante la mayor parte del año se cultivan y engalanan con su variedad cualquier espacio disponible, comunes y sencillas, elegantes y exóticas, de sol y de sombra, aromáticas y medicinales, de follaje o de flores que con su gran colorido y utilidad alegran también los balcones y ventanas; cierto es que se han modificado los estilos de construcción de viviendas, adaptándose a las necesidades, pero se sigue conservando el amor a las plantas por su belleza y utilidad. *"El que nace pá'maceta, no pasa del corredor"*, en relación con algunas personas que por su falta de preparación o de esfuerzo, siguen siendo mediocres. Volviendo al tema de las plantas, hay algunas muy apreciadas por su propiedades, en cambio hay malas yerbas que se vuelven una plaga difícil de erradicar y al expresar que *"Mala yerba nunca muere y si muere, ni falta hace"*, es porque hay personas de mal natural que se ganan la antipatía o la mala voluntad de los demás, en relación directa a su mal comportamiento. Hay quienes tienen gran habilidad para el cuidado de las plantas ya sea por sus estudios o por la práctica y observación desarrollada y son conocedores de algunas cualidades o riesgos, porque muchas de ellas son sumamente venenosas o provocan alergias y los expertos saben que *"Para la yerba, la contra-yerba"*.

Haciendo referencia al veneno también hay frases como *"Poco veneno no mata"*, pero hay que ser cautelosos, porque generalmente se aplica a las comidas o bebidas, los deliciosos antojitos, que en pequeña cantidad no son perjudiciales. En México y algunos países hispanoamericanos abundan las personas de baja estatura, (chaparritos), que a veces son causa de alguna broma y en respuesta se dice que *"El perfume caro y el veneno, se venden en envase chiquito"*.

Cuando llegué a la edad de merecer, en los tiempos del cortejo nos decían que *"La suerte de la fea, la bonita la desea"*, quizá en relación a que las muy bonitas a veces eran muy vanidosas y exigentes, en algunas ocasiones los pretendientes las veían muy superiores para sus posibilidades y empezaban a cortejar a otras jovencitas menos pretenciosas, más inteligentes y simpáticas, siendo ellas las que conseguían un buen partido. Las muy exigentes decían que preferían *"Quedarse para vestir santos, que desvestir borrachos"* por su orgullo muchas se quedaban solteras, pero a disgusto. Para el asunto del matrimonio se mencionaban muchos refranes: *"El casado, casa quiere"* y *"Casados, casa de dos"* porque la privacidad de los esposos es muy respetable recomendando que nadie debe inmiscuirse entre ellos. Medio en broma, medio en serio, se dice que: *"El matrimonio se parece a una fortaleza, los que estan adentro quieren salir y los que están afuera, quieren entrar".* Muy frecuentemente se dice *"Cásate y se sabrán tus defectos, muérete y se sabrán tus virtudes",* ya que se inculca mucho respeto a la memoria de los difuntos y nos decían que no se hablara mal de una persona que ya había sido juzgada por Dios y aunque hubiera cometido muchas malas acciones, por lo mismo que *"No hay difunto malo ni novio bueno",* de manera que al pretendiente o la pretensa, (según sea el caso), se les encuentran todos los defectos habidos y por haber, muy en especial cuando no llena los requerimientos que los padres desean para la felicidad de sus hijos.

En el desempeño de las actividades diarias se nos presentan muchas necesidades, algunas que son básicas y otras que son secundarias, pero luego estamos inventando muchas que son sólo ideas absurdas sugeridas o manejadas por la mercadotecnia, una ciencia oculta que maneja a las personas de manera colectiva, a través de los medios masivos de comunicación. Por lo mismo, compramos en exceso artículos que se van acumulando sin provecho más que para los fabricantes, en esta época de consumidores sólo satisfacemos el 'ego', la cuestión es ir de compras, pensando sólo en el momento sin planificar una buena adquisición. El mundo actual se ha dejado llevar por una costumbre muy difundida y generalizada: el consumismo, sin faltar quienes para matar el tiempo o calmar sus nervios se van de compras.

Se nos hace fácil comprar, pagar con una tarjeta de crédito, endeudarnos y luego sufrir porque el dinero de 'verdad' se nos esfuma, no nos rinde y aunque el armario esté lleno de ropa, decimos que no tenemos nada qué ponernos, cuando ya no tenemos espacio en los percheros tenemos la necesidad de regalar o vender cualquier cantidad de ropa que ya no nos queda, que no nos gusta o que pasó de moda, lo mismo sucede que aunque tengamos suficientes alimentos en el refrigerador o en la despensa, compramos sin necesidad sólo porque se ve muy atractivo en los mercados y terminamos desperdiciando la comida por no planificar y comprar de manera inteligente. En la actualidad nos damos cuenta de que abundan los artículos son desechables, infinidad de productos que van a parar a la basura después de ser usados una sola vez, que son fabricados con materiales plásticos que no son biodegradables, con el fin de proporcionar comodidad pero lo único que se consigue es contaminar el ambiente de manera irremediable.

Muchos valores morales se han convertido en artículos desechables: el verdadero amor, el pudor, la verdad, la lealtad, la fidelidad entre los esposos, la paciencia, la constancia y mucho más, mencionando que tan buenos conceptos han pasado de moda. La consecuencia es que perdemos mucho en las relaciones personales que antes se cultivaban con esmero y en la actualidad son efímeras y pasajeras. Con lo agradable que es tener amigos que se mantienen casados luego de muchísimos años de amor, de respeto y de paciencia, después de superar unidos pruebas muy duras, porque la verdadera felicidad no es fácil, se construye con mucho esfuerzo y sacrificio, se abona con paciencia y perseverancia. Otra satisfacción muy grande es tener amistades de toda la vida, que nos conocen y en quienes confiamos, que a pesar de los mutuos defectos nos aceptamos y nos identificamos con lazos muy fuertes, que nos hacen sentir que pisamos terrenos conocidos, después de todo dicen que *"Más vale malo conocido que bueno por conocer".*

En cuanto al agradecimiento sabemos que es una gran virtud que se debe inculcar a las personas desde su infancia porque *"Ser agradecido es ser bien nacido"* es muy importante valorar todo los dones o favores que recibimos ya sea de nuestros más allegados como de otras personas menos cercanas, agradecer el don de la vida, la salud, la libertad y tantas otras cosas que se nos otorgan. En los Estados Unidos hay una fecha oficial que es el "Día de Acción de Gracias" dedicado para agradecer a Dios todos los beneficios recibidos durante el año, las familias se reúnen en casa, se prepara una cena especial con platillos tradicionales, se suspenden las actividades laborales y se hace un alto en el camino; en México se acostumbra ir a la iglesia en familia con la misma intención el último día del año. *"Frente a la ingratitud cualquier defecto es virtud"* para no llegar a caer en esa pésima acción de quienes *"Muerden la mano que les da de comer"* pagando muy mal, porque no faltan los que *"Les das la mano y se toman del pié"*, demostrando la falta de valores morales, los que precisamente le dan valor al ser humano. Durante muchos años en México disfrutamos de un tenor muy reconocido por su excelente voz, era Pedro Vargas, originario de San Miguel de Allende, Gto., quien llenó una época con su amplio repertorio, no era atractivo físicamente, comenzó a presentarse en la radio y su calidad artística era suficiente para que el público apreciara sus dones. Conocido como "El tenor continental" porque fue escuchado y aclamado no sólo en el continente americano, sino en distintos países, comenzó el tiempo de la televisión y tenía su programa semanal, "El Estudio de Pedro Vargas" en donde aparecía Paco Malgesto, muy conocido locutor y maestro de ceremonias a quien llamaba "Compadre", y Daniel "El Chino" Herrera un cómico muy estimado. Una frase que distinguía a Don Pedro era "muy agradecido, muy agradecido y muy agradecido", además de su cortesía, demostraba gratitud a sus admiradores; se decía que era muy disciplinado, nunca dejó de estudiar y practicar vocalización cuidando mucho su voz para no defraudar a su público o sea que no se dormía en sus laureles; siempre se mostraba caballeroso y dieron a conocer la noticia de que acababa de festejar 50 años de matrimonio con su esposa doña Tere, por ésos días mi primer esposo, (qepd), y yo nos encontrábamos en un restaurante en San Juan del Río y los vi en una mesa cercana, me acerqué a ellos, los felicité por su aniversario y con gran sencillez se levantó para agradecerme la atención, regalándome una tarjeta con su foto y su autógrafo, un detalle muy bonito que me emocionó porque a pesar de su gran fama no estaba envanecido, muy diferente a los artistas modernos que son producto de la publicidad y se rodean de una nube de popularidad muy artificial, porque en el fondo no tienen mucho.

El don de la palabra es dado al ser humano para comunicarse con sus semejantes y sabemos que el diálogo es el principio del entendimiento: *"Hablando se entiende la gente"*, con buena disposición; nunca está de más, tomar la prudente recomendación que evita muchos problemas: **"A palabras necias, oídos sordos"** sabiendo que abundan las personas inconscientes que hablan por hablar, sin tener fundamento y otras que ofenden con un lenguaje insultante o de provocación, por lo que **"A palabras necias, *oídos de carretonero*"**, lo mejor es quedarse callado, sin entrar en discusiones inútiles, evitando así el caer en problemas y llegar a un enfrentamiento innecesario. Muy amado y conocido el gran cómico mexicano Mario Moreno "Cantinflas", quien llenó con sus películas una etapa muy importante del cine, simpático y popular sobre todo por su complicado lenguaje que dió nombre a ese estilo "cantinflear", porque habla mucho y no dice nada, se identifica con un sector de la sociedad que debido a la escasez de recursos no tiene la oportunidad de cultivarse y adquirir muchos conocimientos, pero tiene una sencilla filosofía que expresa el sentir del pueblo mexicano al vivir la vida día con día y de una forma muy optimista enfrentarse a los problemas.

"Al buen entendedor pocas palabras" no es necesario decir largos discursos, sino hablar claro y conciso, el don de la palabra no es muy común, existen personas a quienes se les dificulta mucho expresarse y menos frente a un público; recordemos que *"Una imagen dice más que mil palabras"*, pues lo que se vé, es más claro de comprender. Para algunos hablar es fácil, a veces sólo es suficiente con abrir la boca y dicen palabras huecas que se llegan a perder en el olvido y la experiencia dice que: *"Lo bien hecho es mejor que lo bien dicho"* actuar de manera congruente porque la fuerza de una palabra está en la oportunidad, saber en qué momento decirla, procurando que sea para aconsejar, ayudar o consolar a alguien que lo necesita, como complemento digo: *"Obras son amores, que no buenas razones"* aunque tratemos de dar muchas explicaciones, si las acciones son opuestas a las palabras, no hay coherencia.

Suele suceder que una persona muy educada pero con cierta timidez, no se atreve a decir lo que no le gusta y trata de ser muy sutil para no ofender, es cuando se dice que *"Lo cortés no quita lo valiente"*, de la misma manera que *"Más vale una colorada que cien descoloridas"* para que otras personas no traten de manipular o aprovecharse de esa virtud que confunden con debilidad, es mejor expresar las cosas con seguridad y firmeza para no dejar en la incertidumbre algo que amerita ser dicho en el momento preciso y no dejar *"El beneficio de la duda"*, lo mejor es aclararlo todo porque *"La duda ofende"*, hay un comentario que también se usa en el mismo tema y es *"Ponerlo en tela de duda"*, obviamente que es preferible despejar la desconfianza o inseguridad que se proyecta cuando algo no está claro ni preciso, especialmente cuando se trata del prestigio o la integridad moral.

La tendencia a buscar el bien es un objetivo que mueve al ser humano a la superación y la práctica de conductas apropiadas, en todas las civilizaciones se conocen dos tendencias opuestas entre sí: el Bien y el Mal que se enfrentan en una encarnizada lucha que parece no tener fin. Hablando de virtudes se dice que *"La fé mueve montañas"* tal vez sea en sentido figurado, pero esta comprobado que una persona de fe logra hacer cosas sorprendentes, al estar dotado de una fuerte voluntad y actitud positiva, aunado a un liderazgo que motiva a otros, haciendo posible el hecho de cambiar o modificar algunas situaciones muy complicadas, casi imposibles.

En repetidas ocasiones Mamá me decía: *"La caridad bien entendida, por casa empieza"*, para hacerme ver que ese amor que es la caridad, (no limosna) nos mueve a comenzar por los más cercanos a nosotros, nuestra familia, los que viven en la misma casa, o los que llevan nuestra sangre y desde allí extenderse a los demás prójimos que tenemos a cual más importantes. Desde que se formó la sociedad tribal, los seres humanos tenían su seguridad en la familia, tomando en cuenta de que es el núcleo de la sociedad, donde se forjan los valores, se fortalece el carácter, se forman los lazos más fuertes que unen a los seres humanos, ahí debe estar la defensa de los más débiles y llena la necesidad de tener alguien en quien confiar.

El sentimiento del amor es algo sublime que se menciona en todas partes, pero a veces llega a ser confundido con la atracción física, muy agradable, pero pasajera o una pasión loca y alborotada que puede trastornar el pensamiento y motivar acciones equivocadas y pasajeras, como *"Llamarada de petate"*, que enciende sólo un momento pero pronto se apaga.

El verdadero amor es profundo y duradero, muy delicado porque se debe alimentar y fortalecer para que se mantenga encendida la llama que hace latir fuerte el corazón e impulsa al hombre y la mujer a tomar decisiones que van hacia la formación de una familia bien establecida, construída sobre bases fuertes y sólidas. *"Amor con amor se paga"*, al expresar amor debemos sentir respeto y admiración por la persona que es la causa del amor, pero también va junto con otros sentimientos como la paciencia, la confianza, la lealtad, la fidelidad, la ternura y si se cultivan todos los días de modo recíproco se establece un fuerte vínculo de entendimiento, nunca el temor y la amenaza acompañados del abuso de la fuerza pueden ser usados para retener al ser amado. He oído que los celos son el infierno del amor, *"Ser poco el amor y desperdiciarlo en celos"* no da buen resultado, porque indica desconfianza e inseguridad, dando lugar a dramas y tragedias, así que *"El que es celoso no duerme y si duerme ni lo siente"* porque el sueño es intranquilo y no permite el descanso a esa persona que es dominada por los celos sin base alguna, sólo la imaginación que se obsesiona en crear pensamientos destructivos que provocan sufrimientos.

En repetidas ocssiones hemos visto que se termina lo que parecía un amor fuerte y apasionado, quedando sólo resentimientos y resquemores, por lo que se dice que *"Del amor al odio sólo hay un paso"*, por lo cual hemos de poner mucho cuidado en sembrar amor sobre buenos cimientos. Existen relaciones tormentosas que se terminan y al tratar de recuperarlas, si no se concede el perdón con toda la sinceridad y buena disposición, se guardan reclamaciones y afrentas que no ayudan. *"Ni amor reanudado ni chocolate recalentado"* porque ya no tienen la frescura y la espontaneidad que hubo al principio.

El amor debería ser extensivo a toda la humanidad y a todo lo que nos rodea, un motivo fuerte y suficiente para que las personas tengamos mayor tolerancia y paciencia al practicar la paz y el entendimiento, evitando el odio destructivo que produce dolor y sufrimiento. Gozar el privilegio de amar es llenar nuestro corazón y nuestro pensamiento con motivos de consideración hacia los demás, tratando de respetar y que nos respeten, haciendo ejercicio de paciencia y tolerancia. El mundo en su amplia diversidad nos presenta la oportunidad de conocer a muchas personas y está lleno de sorpresas, pero no es nada sorprendente que si mostramos una sonrisa y una actitud amable, habrá otros que van a corresponder de la misma forma; las caras largas, la imprudencia y la violencia dan lugar a malas respuestas.

Existen algunas personas motivadas por el interés material y se enfocan a lograr una ventaja por conocer a gente importante de quienes buscan obtener beneficio, se les dice ventajosos o aprovechados, hacen a un lado a la gente valiosa poseedores de principios y cualidades morales, *"El interés tiene pies"* con la única finalidad de sacar provecho, *"El amor y el interés se fueron al campo un día, pudo más el interés que el amor que le tenía"*. Hace muchos conocí a una chica muy linda, tenía novio muy guapo, de buena familia mas no de grandes recursos económicos, parecían estar muy enamorados, él tenía una corte de admiradoras que suspiraban al verlo, pero apareció en escena un joven rico, nada atractivo, que la comenzó a cortejar, le llevaba serenatas muy románticas y valiosos regalos, que conquistaron a la joven y la convencieron de que él tenía unos hermosos ojo$$$$ y terminaron casándose. Dicen que *"Billete mata carita"* y no puedo decir como en los cuentos de hadas que fueron muy felices, sino todo lo contrario, porque él era muy aficionado al alcohol y a las mujeres, que le gustaban muchas a la vez, lo que terminó en un divorcio, bien dicen que *"La necesidad tiene cara de hereje"*, digamos que no muy buena cara. Estas situaciones son cosa de todos los días y se han repetido miles de veces en todo el mundo, por lo que se debe sacar el beneficio de la moraleja y antes de comprometerse en matrimonio se analicen los sentimientos evitando el sufrimiento que produce el fracaso.

Las Bellas Artes son las exquisitas maneras de representar y crear belleza en el concepto humano, así la Música, la Danza, la Literatura, la Escultura, La Pintura y La Arquitectura, son la hermosa expresión de esos talentos que dan muestra de la inspiración y la dedicación de los artistas, en la era moderna se han agregado la Fotografía y el Cine, que son mencionados como el Séptimo Arte, que se enlaza con la historia del ser humano. *"Con buena voluntad, el arte no muere"* admiramos una sublime forma de engrandecer el espíritu hacia otros niveles que nos satisfacen y sus creaciones son la delicada forma de darle un descanso al cuerpo y a los sentidos un alimento recreativo, ya que *"No sólo de pan vive el hombre"*, sin dejar de hacer un reconocimiento a toda la gente que realiza trabajos pesados que diariamente se esfuerzan en ganarse la vida y el sustento: los comerciantes, los cocineros, conductores de vehículos, ganaderos, agricultores y gente del campo que siembran y cosechan los frutos, cereales y verduras que disfrutamos en la mesa, un gran número de actividades que mueven a la humanidad prestando un servicio para que todo funcione de la mejor manera posible, ya que no todo es tecnología, la mano de obra sigue siendo indispensable y le da el toque humano tan valioso y tan necesario para resolver problemas que se presentan todos los días, mediante su intervención y ayuda.

"Como Santo Tomás, ver para creer"..... Hay personas que sólo creen en lo que ven, ponen en duda conceptos y creencias religiosas que se empeñan en verlas a la luz de la ciencia y se niegan a aceptar que hay fuerzas misteriosas y desconocidas pero hay muchas cosas modernas que no vemos, ni comprendemos pero creemos y dependemos de ellas. Tienen una gran influencia en el desarrollo de

las actividades diarias y prácticamente dirigen la vida de muchas personas en todo el mundo.

La tecnología lleva un adelanto que va más allá de nuestra mediana comprensión y se han diseñado pequeños aparatos de los que dependen muchas personas en este tiempo, son los que dirigen al mundo, tanto y de manera tan sorprendente que nos esclavizan y dependemos de su atinado funcionamiento, unido a la habilidad con la cual los manejamos. Los "teléfonos inteligentes" tienen tantas funciones que se han vuelto indispensables y quien tenga uno de esos aparatos se siente muy afortunado y casi ponen su vida en ellos, hasta el grado de que pueden perderla al conducir un automóvil por prestar más atención al aparatito que al auto, hablan con una persona a quien no ven y descuidan a los que tienen frente a sus ojos, llegan a sentirse desesperados e incapaces en el momento en que no disponen de su eficiente ayuda y nos hemos despersonalizado al depender cada vez más de los sistemas electrónicos. Los términos relacionados con esta alta tecnología que se están incorporando al lenguaje cotidiano, empobrecen nuestro vocabulario, limitando cada vez más el uso de términos variados, llegando al extremo de usar abreviaturas que no son de uso normal. Nunca van a suplir esos aparatitos la cercanía y el calor de una persona, ni el apretón de manos, ni el abrazo fuerte y afectuoso que sin necesidad de palabras dice mucho en un momento difícil, cierto es que las grandes distancias dificultan esas expresiones tan personales pero procuremos no substituir nuestro acercamiento con personas reales no "virtuales" a quienes no podemos ver a los ojos, ni saber su expresión cuando nos ven, ni gozar de la sonrisa que flexiona sus labios.

El uso de las funciones cerebrales se reduce al depender de la tecnología tan avanzada se sabe además que *"Lo que no se usa, se atrofia"*. Al llegar a la caja en un establecimiento comercial, le pagué en efectivo al joven cajero y no sabía contar las monedas que le entregué porque en general reciben tarjetas de crédito o débito. Es muy cierto que estamos en un tiempo de grandes adelantos y en apoyo de las ciencias, nos resulta muy sorprendente el avance logrado que resulta ser una espada de dos filos, muy peligrosa en las manos inadecuadas como toda creación humana.

Todos tenemos talentos o habilidades que debemos conocer y desarrollar porque es el paquete de dones que recibimos como seres individuales y únicos, hay quienes son matemáticos, buenos para los números y con facilidad su cerebro entiende y practica todo los complicados problemas de cálculo que son necesarios para resolver las fórmulas características de las Ciencias Exactas, como la Ingeniería en sus distintas especialidades, diferentes ramas de la Física y la Química, muchas actividades humanas están basadas en ellas; hay otros que son talentosos para las Ciencias Biológicas, porque su inclinación los mueve hacia esos campos en los que se desarrolla la vida, llena de misterios que ellos tratan de despejar; la Medicina en sus distintas especialidades con la finalidad de encontrar curación y alivio al dolor; algunos son investigadores, científicos que estudian detenidamente los procedimientos de la ciencia que dominan: los geógrafos, geólogos, astrónomos y oceanógrafos nos llevan de la mano a través de mundos y submundos que ellos profundizan en sus investigaciones y nos muestran sus conocimientos.

En todo quehacer humano hay jerarquías, siempre hay un jefe o líder encabezando un grupo, tomando decisiones y vigilando que se cumplan las órdenes o actividades necesarias, así que *"Donde manda capitán, no gobierna marinero"* los que quienes tienen el don de mando, de una forma casi natural son los que llevan el timón o la dirigencia, pero también asumen grandes responsabilidades, otros son los que deben obedecer, siguiendo a la cabeza que representa una autoridad; si alguien quiere invertir el orden de las cosas, se le dice *"El perro menea la cola, no la cola al perro"*. En asuntos de negocios se dice que *"El que paga, manda"* y que *"El cliente siempre tiene la razón"*, desarrollando un espíritu de servicio y satisfacción para que el comprador se sienta halagado, en especial en estos tiempos de fuerte competencia en todos los ramos. Haciendo referencia a los tiempos de dificultades y tormentas, (reales y figuradas) hay un viejo estribillo que decía: "Y nosotros los pobres marinos, hemos hecho un barquito de velas, pa' vivir en el fondo del mar, que ya no es posible vivir en la tierra"... aunque nos queramos evadir de la realidad, no queda otra opción que enfrentarla, buscando soluciones y tomando decisiones, porque a las ideas deben seguir las acciones.

Es bien sabido que *"Mucho ayuda el que no estorba"*, recomendando que es mejor no intervenir en asuntos que no conocemos y en caso de que nos pidan la ayuda, proporcionarla de una manera prudente, porque a veces, por simple curiosidad, hay quienes se acercan al lugar de un accidente y sólo impiden las acciones de personas expertas. En caso de dificultades, hay quienes se convierten en mediadores, con toda la buena intención, tratando de evitar pleitos o disgustos y resulta que *"El que se mete a redentor, sale crucificado"* porque de buenas a primeras, está en medio de un conflicto ajeno y puede salir muy perjudicado por intervenir en asuntos ajenos. *"En este mundo traidor, nada es verdad ni es mentira, todo es según el color del cristal con que se mira"* a veces todo parece color de rosa: suave, romántico, de ternura ideal, como si fuera un cuento de hadas, en otras se mira gris, lleno de nubes el horizonte, amenazando tormentas, en otras ocasiones se nos presenta *"Color de hormiga"* ya sea negro o rojo, con tintes peligrosos, o sea que todo es relativo, nada es absoluto y cada persona tiene su punto de vista, dependiendo de factores tan variados, así que más vale respetar las opiniones de los demás, sin perder nuestro criterio, creencias y estilo mostrando tolerancia. En este asunto, sería bueno reflexionar que *"Es de sabios cambiar de opinión"* y no empecinarnos en una cerrazón de ideas, sino tener un poco de flexibilidad y reconocer que todos los seres humanos estamos expuestos a equivocarnos y admitirlo con humildad, porque *"Es de humanos equivocarse, pero es divino perdonar"* aunque es algo muy difícil, el otorgar el perdón a alguna persona que nos haya hecho algún daño, nos libera de una opresión agobiante y amarga que es el resentimiento, cuando crece es el rencor y nos puede llevar al odio, un sentimiento muy destructivo. Tenemos ejemplos inolvidables, como Cristo al perdonar todo el sufrimiento que le dieron para llevarlo a la cruz, el Papa Juan Pablo II que perdonó a su agresor Alí Agka quien lo hirió gravemente y el recién fallecido Nelson Mandela, quien a pesar de haber sido confinado a encarcelamiento injusto durante largos años, no se rindió ni renunció a su valiente propósito de lograr la abolición del "apartheid" en Sudáfrica, logrando que se realizaran sus ideales convirtiéndolos en realidades y recibiendo además el reconocimiento y póstumo homenaje a su labor titánica. Igual que Martin Luther King que luchó de una manera decidida para que se reconocieran los derechos civiles de los afroamericanos, costándole la vida, abundan hombres y mujeres admirables con madera de héroes que a través de la Historia han defendido causas justas que parecían inalcanzables, pero que gracias a su tenacidad fueron logradas para defensa de seres desprotegidos.

Regresando un poco a mi niñez, recuerdo que desde la casa donde vivíamos, en una colonia alejada del centro de la ciudad, se apreciaba la vista de dos cerros y cuando Mamá los veía rodeados de nubes exclamaba: *"Cuando la Gavia tiene rebozo y el Culiacán sombrero, seguro aguacero".* Ella era muy observadora y tenía gran intuición femenina, no se le iba ningún detalle, a pesar de tener siete chiquillos latosos, nos atendía muy bien, aunque no siempre había recursos económicos suficientes, tenía muy buen sazón y usando los más sencillos ingredientes los transformaba en deliciosos platillos que eran disfrutados por todos nosotros. *"La cocina la hace Catalina, no el recaudo"* y *"Con buena hambre, no hay mal pan".*

Teníamos por vecinos a una familia danesa, que fueron nuestros mejores amigos y el papá, don Christian, quien era agricultor, nos regalaba productos de su cosecha: canastas de fresas que lavadas y despatadas, iban a la mesa; fresas con crema, agua fresca de fresas, o mermelada, que Mamá ponía al fuego el cazo de cobre con las fresas y el azúcar y por turnos debíamos ayudarla a menar con cuchara de palo para que no se pegaran y así darles el punto adecuado; también nos regalaba papas, espárragos y a veces él y su hijo John iban de cacería a la laguna de Yuriria y traían patos, que ella nos preparaba, y comíamos pato al orange, un platillo muy elegante.

El señor Poulsen era muy serio, su semblante era un tanto adusto, no decía muchas palabras, pero expresaba que estaba enamorado y muy agradecido con México, siempre entregado a su trabajo de agricultor y era más bueno que el pan. La señora Poulsen era toda una dama, de porte distinguido, cocinaba unas deliciosas galletas, al estilo de Dinamarca, con especias que no eran muy conocidas; bordaba con estambres al punto de cruz, verdaderas bellezas en forma de cojines, cuadros y manteles que eran muy admirados, era además guapa y simpática, tenía una chispa muy especial, hablaba con marcado acento extranjero y cuando nos invitaba a comer, nos recomendaba no dejar nada en el plato, porque decía que era gran falta de educación. Su hija Lene y yo fuimos amigas inseparables y hasta la fecha seguimos guardando los recuerdos y conservamos la amistad; ella es rubia, de ojos azules, llamaba la atención a donde iba y hacíamos buen contraste, porque yo fuí muy delgada, tenía mi cabellera larga y obscura, ojos chiquitos y piel blanca. Relacionado con el tema de los vecinos, se aconseja que *"Cuando las barbas de tu vecino veas cortar, pon las tuyas a remojar"* basado en la simple observación de hechos cotidianos, porque si afectan a uno de tus vecinos, pudiera ser que a nosotros también nos amenace la misma situación. Dicen que *"Al hablar y al cocinar, su granito de sal"* así como una comida insulsa y sin condimentos resulta poco atractiva al gusto, también la conversación es muy agradable sazonarla de manera sabrosa para que no sea fastidiosa o caiga en la monotonía, por lo que es muy sabroso convivir con las personas que tienen ese gran don.

La amistad es un don muy apreciado y a ella nos referimos con bastante frecuencia expresando frases muy sabias, porque un buen amigo es como un tesoro que se cuida con esmero, igual que si fuera una planta viva, se le dan cuidados y se le pone agua, buena tierra y alimento. En los amigos tenemos buena compañía, comprensión, ayuda, consejo, unos brazos que nos sostienen y proporcionan el abrazo que sin palabras nos dice mucho, unos oídos que escuchan nuestras alegrías, pero comparten también nuestras penas proporcionándonos apoyo y consuelo y nos dan esa fuerza invisible que necesitamos como seres sociales que somos. Por cierto que Sofía significa sabiduría y aunque ninguna de mis amigas cercanas lleva ese nombre tan hermoso, cada una de ellas tiene gran sabiduría que admiro y he aprendido a valorar en mi caminar por la vida, reconociendo que *"Llórate pobre, pero no sólo"*; porque yendo al otro extremo *"Más vale sólo que mal acompañado"*, en el sentido de que una mala persona cercana a nosotros nos puede causar mucho daño, con una amistad fingida o convenenciera, incluso manipuladora, que al no obtener su beneficio, se vuelve contra nosotros. En ese plano es preciso darse cuenta a tiempo, para no caer dentro de una trampa, sabiendo que *"No hay enemigo pequeño"* nunca debemos menospreciar a la persona que quizá guarde rencores o sentimientos adversos hacia nosotros; de los malos amigos más vale apartarse, porque al confiar en las personas que se dicen nuestros amigos y de una manera u otra nos están perjudicando, te das cuenta que *"Con esos amigos, no necesitas enemigos"* pero sólo con la experiencia que dan los años nos damos cuenta de quiénes son los que nos aprecian y los valoremos en lo que son, tratando de corresponder de la misma manera y hay ocasiones en las que es mejor hacer las paces, logrando alianzas o pactos y *"Si no puedes con tu enemigo, únete a él"*, llegando a la sabia conclusión de que *"La unión hace la fuerza"*, en Italia vivió hace tiempo un escritor famoso que se llamaba Nicolás Maquiavelo, que en su obra llamada El Príncipe, escribió una frase que ha trascendido en todos los ambientes y dice *"Divide y vencerás"*, habiendo sido un gran conocedor de la sicología y de la política sabía de ese efecto que producen la separación o división, no sólo en el pensamiento sino en la familia, que lleva a la desintegración de la misma; pleitos, chismes, resentimientos y ambición provocan la ruptura de lazos familiares que deben mantenerse unidos con firmeza.

Y: "*¿A quién le dan pan, que llore?*" a nadie, en especial cuando hay necesidades muy grandes qué cubrir y la ayuda es bien recibida, porque siempre hay personas de buen corazón que tienen la voluntad de ayudar al prójimo en necesidad. Cuando oigas decir: "*Ahora los patos les tiran a las escopetas*", es que se invierte una situación, digamos que se ha perdido aquel trato respetuoso que se daba a los mayores en tiempos pasados. También era usual decir que "*Le quieren enseñar el Padre Nuestro al señor Cura*", aplicándose a algunos que se creen tener mucho conocimiento y pretenden dar recomendaciones, incluso a los expertos.

Se manejaba un estricto concepto de respeto a la autoridad, porque a los padres se debía el máximo respeto y la obediencia total, a la imagen divina se le daba el culto incondicional, los ancianos merecían consideraciones por el sólo hecho de serlo, los sacerdotes o religiosos gozaban de mucha respetabilidad; los maestros también tenían una gran dignidad, lo mismo que las autoridades civiles o los militares, pero todo cambia y muchos de esos conceptos respecto a instituciones ha caído a un nivel deplorable, el respeto y la admiración que se guardaba significaba mucho en mis tiempos jóvenes, se ha rebajado mucho y en medio de esa confusión, los jóvenes andan buscando y erigiendo ídolos, estrellas fugaces, figuras de relumbrón que representan belleza y poses artificiales, valores transgiversados que sólo expresan un brillo momentáneo, igual que falsos paraísos donde buscan emociones fuertes, que den rienda suelta a instintos muy mal orientados y que son aprovechados por criminales que los inducen a caminos desastrosos, donde lo único que hay es angustia, depresión, violencia y desesperación, mucha confusión, por lo normal es la senda de las adicciones, que destruye muchas vidas.

Mamá nos decía que "*Con ayuda de vecinos, repican los agustinos*", dándonos a entender que colaborando de manera eficaz se le facilita el trabajo a una persona y además nos enseñaba a trabajar un poquito en equipo, también porque "*La ociosidad es la madre de todos los vicios*", lo cual se me quedó muy bien grabado, no me gusta estar con las manos desocupadas, busco actividades en las que me distraigo, leo, escribo, me gusta bordar y tejer con agujas y ganchillo, también conocido como crochet; en mi memoria guardo a mi abuelita tejiendo a gancho:

manteles, carpetitas, colchas, y distintas prendas, igual que Mamá y sus hermanas que eran muy diestras en las labores hogareñas, entre la imitación y el aprendizaje, mis hermanas y yo tenemos un poco de esas habilidades que formaban un estilo de vida para las mujeres, además tengo entendido que es una buena terapia ocupacional, que ahuyenta el tedio, el fastidio y la depresión, factores negativos que se han generalizado en esta época en que se vive de una manera apresurada y las mujeres han ganado muchas ventajas, (por aquello de las luchas feministas), pero algunas han perdido mucho de su feminidad, tratando de igualar al hombre y pocas disfrutan de aquella caballerosidad que los varones prodigaban: obsequiar flores, abrir la puerta al pasar, acercar la silla, ayudar a subir al automóvil, pagar la cuenta, pero como se supone que somos iguales, no disfrutan de esas galanterías.

"*Ojos hacen cara*" y que "*Los ojos son el espejo del alma*", los poetas en especial siempre elogian la belleza de unos ojos femeninos, negros, azules, verdes o castaños, además de la expresión que muestran, enmarcados con unas líneas formadas por las cejas y unas largas o rizadas pestañas; la buena presentación es un factor muy importante para causar una buena impresión respecto a nuestra persona, cuando nos presentamos ante alguien especial o en una entrevista de trabajo, porque "*El amor entra por los ojos*". La gente del pueblo, con su lenguaje sencillo exclama: "*Lo ví con estos ojos, que se ha de comer la tierra*", en caso de haber sido testigos de algún suceso que los impresiona. "*Ojos que no ven, corazón que no siente*", porque el ver de cerca los problemas y las situaciones te dan un panorama diferente que te permite actuar o involucrarte de una manera más directa. La falta de vista o ceguera es una condición física muy triste, originada por deficiencias de nacimiento o accidentes que limitan la percepción visual, pero "*No hay peor ciego que el que no quiere ver, ni peor sordo que el que no quiere oir*", porque también existen los que poseen sus facultades completas y es como si no las tuvieran porque no saben o no quieren ver o comprender lo que sucede a su alrededor, también se dice que "*En tierra de ciegos el tuerto es rey*", de manera un tanto irónica hace mención a los que están en mejor situación que otros muy afectados o carentes de facultades.

El teatro, el cine, los conciertos y cualquier espectáculo se disfrutan más a cierta distancia, de ninguna manera en primera fila, a menos que nuestro deseo signifique el participar de un modo más directo. Hay una frase "*Los toros se ven mejor desde la barrera*" porque desde lejos podemos observar un panorama o una acción no solamente taurina, sino de la vida misma, al apreciar de modo más amplio lo que está sucediendo.

Ya que menciono a los toros, también se dice que: *"Al toro hay que agarrarlo por los cuernos"* porque en presencia de problemas grandes, lo mejor es encararlos de manera directa con la finalidad de darles solución pronta y no andar con rodeos que no dan resultado. En la época colonial se desarrollaron muchas haciendas que eran propiedades que se adjudicaban a personas muy escogidas entre la sociedad de aquellos tiempos, fué un sistema casi feudal que producía grandes beneficios a los propietarios, que tenían bajo su dominio a los rancheros, que eran la mano de obra barata para la agricultura y la ganadería; una de esas haciendas de grandes dimensiones era la hacienda del Jaral de Berrio, donde se criaban reses finas y caballos, de allí viene otro conocido dicho: *"Pa' los toros de Jaral, los caballos de allá mesmo"*, porque así encaras un problema con una solución a la medida, que a veces no consiste en dominar animales de cuatro patas.

Recuerdo que los domingos por la tarde íbamos a visitar a mis abuelitos maternos y mi Papá Quiquín, (Joaquín) era muy aficionado a ver la transmisión de las corridas de toros desde la Plaza México, que eran transmitidas por TV, los cronistas eran Paco Malgesto y Pepe Alameda, ambos muy conocedores del ambiente taurino, por donde además transitaban celebridades de la política y el ambiente artístico de esa época, narraban las grandes faenas de los toreros: desde *"Estar en capilla"*, esperando el momento de hacer su aparición, el dominio del capote, las banderillas por todo lo alto y el manejo del estoque o espada, que los hacía merecedores de orejas y rabo del toro, dar la vuelta al ruedo, ser sacados en hombros y las peripecias que sufrían a veces por pequeñas revolcadas que les daban los astados o las grandes tragedias cuando eran zarandeados en el aire, enganchados en los afilados cuernos de los animales enormes y pesados, que los izaban como muñecos de trapo, en ocasiones con heridas y hemorragias mortales, pero dicen en el ambiente taurino que *"Más cornadas da el hambre"*; el espectáculo de la "fiesta brava" tenía cierta fascinación, un ritual: al principiante se le dice novillero, para superar el nivel reciben la "alternativa" a manos de un torero de fama y se encara a toros de gran tamaño; los toreros luciendo el "traje de luces" que es un verdadero lujo, ya que está confeccionado a la medida y bordado a mano, con chaquiras y lentejuelas, aunque a veces terminara hecho un desastre, lleno de sangre o todo desgarrado, parte esencial de la figura del torero es el cabello que se dejan crecer en la nuca y que al tiempo de retirarse de las plazas se cortan la "coleta" y la cabeza cubierta con la clásica montera, misma con la que saludan al público y se inclinan al momento de brindar un toro; las "Manolas" hermosas y elegantes, vestidas a la usanza Sevillana, ponían el toque femenino al espectáculo y los alegres "pasodobles", que ejecutaba la banda para animar a la concurrencia ponían un ambiente muy especial. Los tendidos de sol, de precios populares, eran para la gente de menores recursos, pero al fin aficionados de "hueso colorado" y los tendidos de sombra, así como los palcos, de mayor precio, para la gente de buena posición económica que podía darse el lujo de admirar la corrida sin la molestia del sol en la cara. En ese ambiente abundaban los banderilleros, los mozos de estoque y otros más que giraban alrededor de las figuras; de repente se lanzaba al ruedo un "espontáneo" que sin ser torero, quería llamar la atención y si no lo detenían ejecutaba algunos lances y se lucía aunque fuera brevemente. En la vida real existen personas muy hábiles en el manejo de situaciones complicadas, tienen facilidad de palabra, convencen a los demás aunque no siempre sean poseedores de la verdad y se dice que saben "manejar muy bien el capote". En esos tiempos hubo grandes figuras del toreo, españoles y mexicanos inolvidables como Manolete, Juan Belmonte, Carlos Arruza, Silverio Pérez, El Cordobés, Juan Silveti, Manuel Capetillo, Alfredo Leal, Paco Camino, Eloy Cavazos y otros más que hicieron vibrar a los aficionados con aquellas faenas tan arriesgadas que hacían que los aficionados saltaran como resortes al contemplarlos. Se hicieron películas y novelas de fama internacional con el tema de los toros. Renglón aparte son los rejoneadores, que a caballo también tienen un gran dominio y elegancia; en la actualidad el espectáculo está siendo muy discutido y criticado a causa de la crueldad en contra de los animales y en algunos lugares del mundo ya no se puede presentar.

La necesidad de comer es básica y es un tema extenso, *"Para comer y rascar, el trabajo es comenzar"*, cuando estamos frente a una mesa bien dispuesta, en buena compañía, aunque no sintamos un fuerte deseo de comer, el ambiente propicia que disfrutemos de lo que hay. Decía mi Papá *"Primero comer que ser cristiano"*, porque si no atendemos nuestras necesidades no podemos hacer nada, no hay energías y se pierde la salud, hasta la fecha tengo grabada esa frase y soy un tanto metódica en los horarios de las comidas, dicen que *"Igual que los pajaritos: como poquito, pero a cada ratito"* porque *"Barriga llena, corazón contento"*, muy al contrario sabemos que *"Con la tripa vacía no puede haber alegría"*, pero tampoco hay que llegar al extremo aquel *"De limpios y tragones, llenos están los panteones"*, porque bañarse cuando estás resfriado o comer en exceso le dan gusto al cuerpo, pero exponen a enfermedades complicadas; hay quienes dicen que *"De que se eche a perder a que me haga daño, mejor que me haga daño"* tal es su inclinación, que además la disfrutan. *"Hay muchos que viven para comer, y otros que comen para vivir"* y lo que es una necesidad se convierte en un vicio, llamado gula, que por desgracia tiene malos resultados, propiciando graves enfermedades como la diabetes, la presión arterial alta, obesidad, etc., alguna vez hemos dicho aquella frase: *"Lo comido, lo bebido y lo bailado, nadie me lo quita"*, porque son grandes satisfacciones que le dan gusto y valor a la vida, sabiendo que en muchas partes del mundo hay una gran miseria y atraso, por lo que millones de personas no tienen nada para comer y fallecen a consecuencia de anemia aguda. Me entristece saber que en muchos lugares la comida se desperdicia y va a la basura. La experiencia dice que: *"Cuando la necesidad entra por la puerta, el amor sale por la ventana"*, ya que la aguda limitación económica pone un tinte de angustia y desesperación en los jefes de familia, que sufren por sus hijos, especialmente cuando son pequeños. *"Donde no hay harina, hay mohína"*, mucha tristeza y amargura; por el lado contrario, bien sabemos que *"Las penas con pan, son menos"* el dolor se sobrelleva y no punza de manera tan aguda.

A pesar de los grandes avances tecnológicos y científicos que disfrutan los habitantes del Primer Mundo, hay extensas zonas de miseria y marginación que flagelan al Tercer Mundo, esos lugares donde las oportunidades de vivir dignamente no las disfrutan los seres que están muriendo de hambre, por distintas causas originadas por malos gobiernos, tantos dictadores que viven como reyes, en una nube de insolentes lujos e indiferentes a las necesidades de su pueblo, negándoles los derechos a la libertad y al progreso.

En relación con la muerte se dice que: *"No muere el que agoniza, sino al que le toca"*, porque el momento final es un misterio que no podemos descifrar, sabemos que es lo único seguro, sin saber el día ni la hora, *"Hay quien se salva del rayo, pero no de la raya"* esa línea invisible que nos separa de la muerte y dicen que sólo Dios conoce, pero *"Cuando te toca, aunque te quites y cuando no, aunque te pongas"*, haciendo referencia a que algunas personas están en el límite de un peligro e inexplicablemente salvan la vida, finalmente nadie puede escapar de llegar al fin, en el momento preciso por lo que *"Nadie se muere la víspera"*. Las necesidades urgentes por la subsistencia cambian totalmente y así como llegamos a la vida nos hemos de ir, sin equipaje para la otra vida, por lo que sabemos de nada nos servirán las cosas materiales, por éso *"Al vivo todo le falta, al muerto todo le sobra"*, la única situación que nos iguala es la muerte, sin importar los recursos económicos, ni el talento, ni la belleza física.

Hace muchos años conocí a una mujer adinerada y distinguida, nunca se casó ni tuvo hijos, pero todo su amor lo depositó en algunos sobrinos que en ella veían la solución a todas sus necesidades y antojos; ya estaba algo entrada en años cuando se dió cuenta que uno de ellos, el preferido en sus afectos se aprovechaba de manera desmedida de la confianza que ella en él había depositado, siendo tan grande su dolor que decidió que no valía la pena vivir y se abandonó totalmente, no quería levantarse de la cama, cayendo en una depresión aguda de la que no salió, no deseaba comer y tal vez creyó que la muerte llegaría pronto, pero no sucedió según su voluntad sino que se fué consumiendo lentamente, prolongando su dolor y profunda decepción.

Mis papás nos recomendaban respecto de las amistades: *"Mira con quién andas y te diré quién eres"*, porque cultivar amistades con personas correctas, de buenas costumbres y buen corazón significaba una tranquilidad para ellos, al indicarnos que *"Cada oveja con su pareja"* procuraban saber quienes eran nuestros amigos. Cada situación de la vida era acompañada con un refrán y si era relativo a los estudios, nos repetían: *"La letra con sangre entra"*, porque hubo un largo tiempo en que los maestros corregían a sus alumnos con excesiva dureza, tenían la autorización para dar reglazos, coscorrones y castigos si los niños no se esmeraban en aprender o no ponían atención, si eran cortos de vista o de oído o duros de entendimiento; mucho esfuerzo nos costó aprender la letra Palmer, haciendo ejercicios de Caligrafía, a lápiz y en cuadernos de doble raya, que se repetían hasta el cansancio, pero que aprendimos a fuerza de practicarlas infinidad de veces, la manera como nos enseñaron la Ortografía, que forma parte del aprendizaje correcto de nuestro idioma para escribir y leer, que ahora los niños y los jóvenes ignoran porque los sistemas de enseñanza no los consideran importantes. Ibamos a la escuela por las mañanas y las tardes para recibir lecciones muy completas que nos dieron una formación para la vida.

"Camina, no corras" lo repetimos en relación a las prisas con que deseamos emprender algo que más bien requiere calma, concentración y cuidado, así como los niños cuando empiezan a dar sus primeros pasos, hacen "pininos" con pasitos inseguros y de repente empiezan a dar pasos rápidos, de manera que fácilmente se pueden caer y lastimar. Se comenta que Napoleón exclamaba *"Despacio, que voy de prisa"* siendo un gran estratega militar, también sabemos que *"Lo que bien se aprende, no se olvida"* la oportunidad y el empeño en aprender aquellos buenos principios y conocimientos de la infancia que permanecen grabados en nuestro cerebro y en la conciencia. Sabemos que las prisas no son buenas, de la misma manera podemos decir *"Más vale paso que dure y no trote que canse"* porque al inicio se imprimen muchos ímpetus y pronto se cansan, por no preparar una planeación o estrategia adecuada, ahorrando muchos esfuerzos inútiles que ocasionan cansancio o desgaste, al no hacer un ejercicio de preparación que concluya en un final feliz.

"Carrera de caballo y parar de burro", al emprender algo con gran entusiasmo y luego se abandona a medio hacer, no es posible esperar resultados favorables, así como: *"Aprendiz de todo y oficial de nada"* cuando todo se quiere aprender rápidamente y no se toma en cuenta que: *"La práctica hace al maestro";* debido a que no es por arte de magia que los maestros o cualquier persona que tiene una habilidad la desarrolle de la noche a la mañana, es necesario imprimir constancia y esfuerzo sin esperar que suceda por simple coincidencia, como aquello de la conocida fábula de Iriarte, *"El burro que tocó la flauta, de pura casualidad"*, que puede darse en alguna circunstancia, pero no se repite frecuentemente y además hay otra frase aplicable: *"No rebuzna porque no sabe la tonada"* resaltando la total ignorancia de alguien. Hay ocasiones en que pedimos que la suerte nos favorezca y es cuando dicen: *"Suerte te dé Dios, que el saber poco te importe"*, pero ahora cuentan mucho el conocimiento y la práctica, o sea que no sólo la aptitud, sino también la actitud y la confianza en sí mismo. El factor suerte es algo que no comprendemos, es como una chispa que surge o un ángel que nos protege en el momento preciso, pero no cabe duda de que hay *"Los que nacen con estrella y los que nacen estrellados"*.

Hace algún tiempo, sin querer escuché a un joven rico y petulante que le explicaba a su amiga las ventajas de tener mucho dinero, porque dijo, todo te perdonan, menos el ser pobre, lo cual indicaba ni más ni menos que su pobreza espiritual, su gran vacío de valores morales. En la cruel realidad que viven muchos que de verdad nada tienen, hay tres desventajas que unidas traen mucho sufrimiento: ser pobre, ser indio y ser mujer, que significan la gran discriminacion de un grupo social que vive a la fecha vive en la peor marginación, sufriendo todo tipo de carencias: económicas, de salud y peor aún, de justicia, ya que sin justicia no puede haber paz. Hay dos figuras que se representan ciegas: La Justicia, porque debe ser imparcial, igual para todos y el Amor, que tira sus flechas hacia todas partes, sin distinción.

Las diferencias sociales señalaron el estilo de vida durante muchos siglos y hasta la fecha se siguen practicando, pero a principios del siglo pasado se acostumbraba decir *"Aunque todos del mismo barro, no es lo mismo bacín que jarro"*, en un marcado desprecio hacia la gente sencilla, aunque se diga que todos somos iguales. La gente muy rica vive en una nube de privilegios y lujos, disfrutan de un nivel de vida muy elevado que les permite viajar sin límites, comprar en los lugares más caros y exclusivos, llegar a hoteles internacionales a donde llegan los multimillonarios de otros países y por lo general son los dueños de las empresas más exitosas de cada país, pueden ser propietarios de automóviles, barcos y aviones de gran lujo, cosa que quienes pertenecen a una clase media jamás lo pueden intentar y menos aún los que pertenecen al proletariado, a esa inmensa capa humana de los que carecen de lo más indispensable a lo largo y ancho no sólo de mi país, sino del mundo entero, por lo mismo también viene al caso *"Somos hechos por el mismo alfarero, pero con distinto molde"*.

En aquellos tiempos nos decían: *"Haz el bien, sin mirar a quién"*, pero todo cambia y la confianza se ha perdido a causa de tanta inseguridad y violencia, por lo cual es conveniente reflexionar que *"La confianza mata al hombre"* y es mejor no arriesgarse en situaciones que parecen simples, pero que tal vez ocultan un lado engañoso y se vuelven peligrosas, tomando en cuenta que: *"Las apariencias engañan"* poco a poco aprendí que *"No todo lo que brilla es oro"*, ya que en estos tiempos en que abundan las falsificaciones e imitaciones en todos aspectos, apropiándose del talento ajeno o tratando de *"Dar gato por liebre"*.

"El bien y el mal, a la cara salen", no solamente por cuestiones de salud sino por el carácter bueno o malo, son expresiones que se reflejan en el rostro, por éso hay que observar muy bien a las personas, sobre todo cuando no las hemos conocido anteriormente, aplicando un poco de sicología práctica, de aquí podría decir que: *"La experiencia es la madre de la ciencia"* el aprendizaje acumulado a través de la misma vida y las circunstancias que nos rodean y de allí vienen las ideas y conocimientos que atesoramos y compartimos a los que nos pueden pedir un consejo, cumpliendo la obligación de enseñar o aconsejar al que no sabe.

La vida nos depara sorpresas a veces muy amargas, que nos llenan de tristeza y decepción, tenemos la imagen de alguien que aparenta bondad y de repente muestra sus ocultas intenciones, nos damos cuenta de que *"La cabra tira al monte"*. En el mismo sentido podemos exclamar *"Líbrame Señor de las aguas mansas, que de las bravas me cuido yo"*, al darnos cuenta que nos equivocamos al juzgar o tratar de adivinar las verdaderas intenciones de una persona llena de falsedad. Es algo muy triste, porque al darnos cuenta de la realidad se nos termina la confianza y la estimación que habíamos depositado, aquella figura que teníamos en un elevado pedestal de admiración cae hasta el suelo quebrándose en pedazos que no se pueden pegar.

"Los dichos de los viejitos son evangelios chiquitos" por la experiencia acumulada se debería reconocer a las personas entradas en años como sucedía en antiguas civilizaciones, muy al contrario de algunas sociedades modernas, donde creen que la juventud está por encima de todo y poco toman en cuenta a los ancianos. Cuando hay rebeldías y no se forma el carácter oportunamente, las consecuencias son tristes y amargas, por lo tanto *"El que no oye consejo, no llega a viejo"*, el vivir de una manera alocada e irreflexiva lleva a un triste final, por dejarse llevar por los arranques impulsivos que los arrojan a situaciones muy extremas. Aconsejar es una costumbre que adoptan las personas de edad madura deseando ayudar a quienes pueden tener un problema que tiene solución.

La brevedad de la vida nos hace reflexionar que la juventud es fugaz, la belleza pasa y todo cambia, por lo que se debe aprovechar el tiempo, alimentando el espíritu, procurando un enriquecimiento interior, pero en otras condiciones se recomienda: *"Come y bebe, que la vida es breve"*, dando a entender que si no aprovechamos los buenos momentos y solamente se piensa en trabajar para acumular un capital, siendo esclavos del trabajo, cuando queramos tener un tiempo disponible, quizá no sea posible realizar nuestro deseo. *"Como te veo, me ví, y como me ves, te verás"*, los jóvenes creen que la juventud es eterna y que seguirán siendo ágiles y fuertes por siempre, pero el tiempo corre y en el aspecto físico van disminuyendo las capacidades, cambiando la imagen exterior, cuando menos se piensa ya los años se han acumulado y cobran su precio, por lo que *"La cana engaña, el diente miente; la arruga saca de duda, el pelo en la oreja, ni duda deja, pero caminar arrastrando los pies, éso es vejez"*, son reflexiones que nos permiten valorar el don maravilloso de la vida y no malgastarla, disfrutando cada momento con ojos nuevos, agradeciendo las bendiciones y compartiendo con otros los momentos felices, al apreciar que cada etapa de la vida tiene algo hermoso y siempre podemos aprender algo. Las personas de edad avanzada, a quienes se les juntan los años y los achaques físicos causados por el trabajo, el descuido y la vida, que siempre cobra su factura, algunos a pesar de los años vividos, se les ve buen ánimo, son positivos y comparten siempre algo agradable; así conocí a una anciana religiosa de la orden Carmelita y cuando alguien le preguntaba por su salud, ella contestaba: *"Como la coneja vieja, de que no es la pata, es la oreja, y si no, toda pareja"* dando a entender que no se sentía muy bien que digamos y a Mamá que tenía un cutis precioso, casi no mostraba arrugas y la elogiaban diciéndole que tenía muy buen semblante, contestaba: si no estoy enferma del semblante o también respondía: *"Estoy como el niño de San Antonio, con la estaca clavada y la sonrisa en los labios"*.

En casa nos recomendaban los buenos modales, a pedir las cosas de manera amable, dar las gracias, lavarse las manos antes de comer y también obedecer pronto al llamado a la mesa, porque *"A comer y a Misa, una vez se avisa"* y *"No se puede chiflar y comer pinole"*, además de *"El que come y canta, loco se levanta"*, otra recomendación en el mismo tema: *"En la mesa no se canta, ni tampoco se dan gritos, no se juega con las cosas, ni se ponen los coditos"*, día con día íbamos adquiriendo buenos modales, que son tan importantes en donde quiera que vayamos, así que el buen comportamiento nos abre las puertas y nos reciben con gusto.

La experiencia aconseja que: *"Al amigo y al caballo, no cansarlo"*, saber agradecer los favores y atenciones que nos dan y corresponder en todo lo posible para mantener las amistades fuertes y en buena armonía. El caballo es uno de los grandes amigos del hombre, reconocida su nobleza e inteligencia desde la antiguedad y por éso hay tantas frases que lo mencionan: '**A caballo regalado, no le mires el diente'**', al recibir un obsequio no examines si tiene defectos, sino mostrar el agradecimiento a la persona que te ha favorecido. *"Si te ven caballo, te ofrecen silla'*', es la consecuencia de tener algo y necesitas un complemento que debes adquirir; al paso del tiempo siempre es válido aquello de *"El que quiere azul celeste, que le cueste"*, porque si queremos satisfacer nuestros gustos o anhelos, se requiere de mucho esfuerzo, de voluntad o un costo material y también aquello de *"Al ojo del amo, engorda el caballo"*, al poner esmero en cuidar nuestra propiedad o nuestros intereses, lo que significa algo importante para nosotros, requiere de esa atención que solamente la persona más interesada puede procurar y no delegarlo en otros que no ponen cuidado a los encargos, muy aplicable a quien tiene un negocio y no lo atiende en forma responsable, deben saber que: *"El que tenga tienda, que la atienda y si no, mejor que la venda"* y que tomen en cuenta que *"Primero la obligación y luego la devoción"*, al confundir las situaciones y se desatiende lo principal, sabiendo que *"El que a dos amos sirve, con uno queda mal"*, así que en todas las actividades y quehaceres debemos enfocarnos a atender un solo asunto dentro de nuestras limitaciones porque *"El que mucho abarca, poco aprieta"* con mucho esfuerzo y pobres resultados.

La utilidad del caballo es reconocida hasta la fecha, pero un buen caballo necesita entrenamiento de acuerdo al trabajo para el se requiera y las habilidades de quienes los manejan son indiscutibles y se demuestran de manera práctica, hay algunos ejemplares muy finos que participan en distintas competencias hípicas y tienen con su jinete una muy buena relación de entendimiento. A lo largo de la Historia se han reconocido célebres equinos que con su jinete han alcanzado gran fama, recordemos al corcel del Cid Campeador, llamado "Babieca" y el caballo de Don Quijote, nombrado "Rocinante", el famoso caballo blanco de Napoleón; así muchos más que han trascendido, como la célebre estatua del "caballito" ubicada en el Paseo de la Reforma de la ciudad de México, donde el rey Carlos IV es el jinete, pero nadie lo menciona. Otro famoso caballo se llamaba "Arete" y lo montaba el General Humberto Mariles que durante una competencia olímpica desempeñó un excelente papel y después de conocer la fama, cayó en la desgracia de llegar a ser un delincuente echando por la borda sus méritos y reconocimientos.

El Apocalipsis, ese libro del Nuevo Testamento que describe situaciones tétricas y misteriosas, menciona a cuatro jinetes pero desconocemos cuáles son los animales que montan, pero han cabalgado en la historia del ser humano, son El Hambre, La Guerra, La Peste y La Muerte. Identificados y temidos por todas partes donde hacen su indeseable presencia, cada uno de ellos siempre va acompañado de la Muerte y aunque se dominen muchas ciencias y se practiquen muchos adelantos y conocimientos que pretenden erradicar los efectos que causan estos jinetes, casi es seguro que seguirán su funesto galope hasta el fin de los tiempos, mientras los esfuerzos y la buena voluntad de algunos se topan con las malas acciones de otros que pretenden dominar a los demás mediante el abuso, la destrucción y la violencia.

El Hambre continúa flagelando a la Humanidad en el mundo entero, porque hay ricos en abundante posesión de bienes pero siguen existiendo pobres en extrema necesidad, miseria que va más allá de la pobreza, que reduce a los seres humanos a piltrafas sin dignidad, increíble pero muy cierta y dolorosa realidad. Incontables veces la Guerra es y ha sido la causa de esas diferencias tan lamentables y acentuadas, que son causa de tanto dolor y pérdida de vidas, habiendo el recurso de la Paz por medio del entendimiento, la consideración y ayuda a los que están en desgracia. No logramos alcanzar ese gran ideal que todos anhelamos de que se establezca la cordialidad entre los hermanos, entre los vecinos, la gente de buena voluntad, a lo largo y ancho del Planeta Azul.

Se menciona a Dios con mucha frecuencia, porque más allá de nuestras fuerzas y limitaciones creemos que hay una fuerza superior a quien invocamos de forma especial en muchos asuntos y debemos tomar en cuenta que algunos tienen *"Una vela prendida a Dios y otra al diablo"*, porque están involucrados en actividades ilícitas y aparentan ser muy piadosos, de igual manera se dan casos y mucho en estos tiempos, en que las gentes dedicadas al mal, invocan la ayuda divina, desconociendo las palabras que dijo Jesucristo: *"El que no está conmigo, está contra mí"*, tan claro y tan sencillo; así que el *"Tener dos velas prendidas, por si una se apaga, la otra queda encendida"*, sería una buena medida de precaución si sólo se aplicara en relación a las velas, pero a veces significa una traición o un engaño. *"A la luz de una vela no hay mujer fea"* si hay música de fondo, flores, un poco de vino, suena un tanto a romance, si la iluminación es poco favorable, el ambiente de penumbra no permite que se aprecie la verdadera fisonomía de las personas o las cosas que nos rodean.

También dicen que *"Dios castiga sin palo y sin cuarta"* pero en realidad, no es Dios quien sanciona nuestras acciones, sino la inevitable consecuencia de lo que hacemos y resulta que *"En el pecado, la penitencia"*, por lo cual mejor pensar bien antes de hacer mal, para no sorprendernos de los resultados. A las pequeñas infracciones que cometemos se les llama pecados veniales, tienen poca trascendencia y ocasionan daños menores, pero a las grandes faltas, que causan mayor daño se les conoce como pecados mortales, muchas personas las han borrado de su vocabulario, porque les resulta incómodo andar con términos de moralidad, sin embargo *"Tanto peca el que mata la vaca, como el que le detiene la pata"*, es una gran advertencia para los que fácilmente participan en hechos delictuosos que van de menor a mayor grado, que los convierte en cómplices criminales al infringir las leyes civiles y causan agravio a personas inocentes.

Hay una exacta ley física que dice: *"A cada acción corresponde una reacción, de igual intensidad y en sentido contrario"* de tal manera que si tiramos una piedra, podemos esperar que alguien la regrese. *"Las cosas caen por su propio peso"*, es 'la Ley de la Gravedad", que indica que las acciones van en relación directa con los resultados. Si *"Queremos tapar el sol con un dedo"* por mucho que nos obstinemos resulta imposible, equivalente a pretender ocultar con trucos o engaños lo que resulta muy visible y notorio porque los seres humanos olvidamos la obligación de cuidar todo lo que hay en la Naturaleza, sin respeto hacia la vida, de manera que la basura que desechamos, todo lo que contaminamos a nuestro paso por andar en automóviles y depender de tanto aparato, además del excesivo uso de sustancias químicas agresivas que solamente dañan el entorno natural que nos rodea y que nos proporciona el aire limpio, el agua fresca y la tierra fértil que son el paraíso que Dios nos regaló para vivir, pero alterando sus leyes recibimos resultados terribles que manifiestan su poder y así entendemos que *"El que al cielo escupe, en la cara le cae"* más vale respetar las normas de la sociedad civil, los mandatos religiosos y las leyes naturales que son tan sabias. Cuántas ocasiones habremos escuchado que *"Dios perdona siempre, los hombres a veces, pero la Naturaleza nunca"*, porque es muy claro que todo el daño que se causa a la naturaleza se ha ido acumulando y de manera implacable nos devuelve ese mal.

Los santos que tradicionalmente invocamos porque les tenemos devoción son un tema socorrido porque *"Santo que no es visto no es venerado"* ya que algunos son más conocidos y populares que otros; y si escuchas decir *"Ni tanto que queme al santo, ni tanto que no lo alumbre"*, es lo mismo que *"Ni muy, muy, ni tan, tan"* con objeto de que no exageremos en nuestras demostraciones de afecto, porque a veces son muy fuertes y otras veces andamos con tibiezas que no expresan nada porque no queremos exponernos a críticas.

Si hay una persona que no goza de nuestra total simpatía decimos que *"No es santo de mi devoción"* porque no es obligatorio que a todos los santos les tengamos veneración. Para hacer ejercicio de paciencia está la frase: *"A cada capillita le llega su fiestecita"*, los festejos o los castigos llegan cuando menos se esperan. Tratando de santos quizás habrán escuchado decir que *"Quien no conoce a Dios, a cualquier santo se le hinca"*, lo cual significa que si no conocemos a Dios en una forma profunda y sincera, a veces buscamos un santo que nos ayude, pero es igual que si no conoces a la persona más importante de una empresa o de un negocio, te vales de otros que intercedan por tí, que tal vez puedan ayudarte a resolver tus asuntos como si fueran abogados y por lo mismo, es bueno saber que *"Cuando Dios no quiere, santos no pueden"*, demostrando que la voluntad de Dios está por encima de la voluntad y esfuerzos de algunos que en su atrevimiento *"Le quieren enmendar la plana a Dios"*.

La creatividad del ser humano es muy grande, en ocasiones sorprendente y al paso de los años la Historia nos refiere las grandes maravillas creadas por el hombre en el mundo antiguo y en la era moderna. Algunas obras maravillosas aún permanecen dando su testimonio como La Esfinge y las Pirámides de Egipto, el Coliseo Romano y otros admirables vestigios en Roma, la Ciudad Eterna, la Acrópolis en Atenas, las Pirámides en Chichén Itzá y Teotihuacan, en México, y en distintos países mostrando las civilizaciones que dejan boquiabierto al hombre moderno, al preguntarnos de qué manera construyeron obras monumentales, siendo que no disponían de herramientas ni equipo pesado.

En la época moderna se han construido los rascacielos y edificios de gran altura que se elevan de manera increíble ante nuestros ojos, pero un acontecimiento muy especial, que nos marcó a principios del Siglo XXI, ha sido sin lugar a dudas el atentado a las Torres Gemelas en Nueva York, que impactó fuertemente la memoria de todos los que lo vivimos, unos de cerca, otros desde más lejos, dejando un fuerte impacto y rechazo ante una acción tan reprobable, que segó miles de vidas dejando claro el poder destructivo del odio y la maldad. Nos damos cuenta que *"Las subidas más altas son las caídas más dolorosas"*, porque fué un hecho totalmente repudiado, que segó tantas vidas, causando tanto dolor, además de las pérdidas económicas y la afectación internacional que se derivó de semejante barbaridad, porque todo cambió a partir de ese suceso, viene a mi memoria aquella vieja canción que decía un tanto profética: Las torres que en el cielo se creyeron, un día cayeron en la iniquidad...

"Andar en el carro de San Fernando, a ratos a pie, y a ratos andando", es una expresión mencionada por los que no tienen automóvil propio y con resignación y buen humor lo expresan. En cuanto al agua nos mencionaban: *"Agua que no has de beber, déjala correr"*, y que en sentido figurado nos recomendaba que no le diéramos falsas esperanzas a un pretendiente; para no hacerle perder su tiempo ni concebir ilusiones. *"Todos los ríos van a dar al mar"*, entendiendo que el agua sigue su cauce natural y no la debemos desviar porque es muy arriesgado y *"Cuando dicen que el río suena, es que agua lleva"*, para que observemos con atención a los detalles que anuncian un suceso o simplemente cuando los rumores que escuchamos con insistencia nos advierten sobre algún riesgo; *"A río revuelto, ganancia de pescadores"*, a la vista de una situación difícil, algo que rompe los aconteceres de lo normal, no faltan los abusivos que se aprovechan para vender sus productos a precios más caros o sacar ventaja para controlar los sentimientos de algunas personas abusando de su mala situación. Alguien habrá oído que: *"No hay ríos de leche, ni árboles de pan"*, en relación clara a que todo debe ser logrado mediante el esfuerzo y el trabajo constante, el que tiene vacas y las ordeña, obtiene leche para su consumo, para venderla y para tener el sustento diario, es necesario trabajar, por éso dicen los rancheros *"El que quiere becerro, que compre vaca"*.

Hemos deseado en algunas ocasiones que se nos concedan nuestros deseos de manera fácil o gratuita, sin realizar ningún esfuerzo, pero recordemos que *"A Dios rogando y con el mazo dando"*, y con satisfacción gozaremos de los frutos obtenidos. Desde el principio de la Creación, Dios le dijo a Adán: *"Ganarás el pan con el sudor de tu frente"*, porque el trabajo satisface las necesidades de los seres humanos, pero abundan los perezosos que no quieren hacer esfuerzos y *"Buscan trabajo, pidiéndole a Dios no encontrar"*, siendo un lastre para los que son productivos, recordando además que *"No hay atajo sin trabajo"* y también que abundan las personas que esperan que todo les llegue de manera fácil o con oraciones, entonces que entiendan que *"Dios no cumple antojos, ni endereza jorobados"*, porque los caprichos y las cosas imposibles están fuera de toda lógica, porque si se trata de problemas físicos hay que acudir a un buen médico y dentro de sus conocimientos y los avances de la ciencia médica, unido a los recursos del paciente, algo se puede lograr. Si escuchas que *"El flojo y el mezquino andan dos veces el camino"*, se juntan dos factores muy negativos porque ni la pereza ni la mezquindad ofrecen buenos resultados, equivale a que *"El flojo trabaja doble"*.

"El sol sale para todos": los ricos y los pobres, los débiles y los poderosos, a lo largo y ancho del mundo, todos por igual disfrutamos de esa fuerza luminosa y nos damos cuenta que no hay distinciones. Sólo que en algunas latitudes, por efecto de la posición de la Tierra en relación con el Sol, también llamado el Astro Rey, cambian los climas y sus efectos, en las regiones árticas es muy breve la temporada de luz y del calor solar, predominando el invierno, mientras que en otras zonas tienen un clima templado. *"El sol es la cobija de los pobres"* y por lo general se sale a las calles o a las plazas, a recibir un poco de sol para calentar los huesos, pues: *"Dios da el frío, pero también la cobija"*, y la humanidad avanza en muchas cosas, conocimientos científicos, tecnología, transportes, el modernismo en apariencia nos facilita la vida, nos da comodidades, pero a veces impide que la comunicación directa con la familia sea tan cercana y cordial como debiera ser; las relaciones familiares se han ido desgastando por ir en busca desesperada de las satisfacciones materiales y no se les dedica el tiempo necesario para la felicidad.

Si a una persona le comienzan a hacer públicos algunos detalles de su vida privada o algo que no desea que se conozca, sus peores defectos o hechos vergonzosos, se dice que *"Le sacaron sus trapitos al sol"*, sucede con frecuencia a algunos personajes que se desenvuelven dentro de la farándula o la política, con la clara intención de desacreditar su imagen ante la opinión pública. En ésos asuntos puede decirse que *"No hay nada nuevo bajo el sol"*, ya que seguimos diciendo y haciendo las mismas situaciones: las grandes tragedias, las debilidades, las pasiones, las guerras y la ambición de poder, las carencias y las dificultades siguen afectando al ser humano igual que en los albores del tiempo, luchando a brazo partido por conseguir o defender lo que se ama: *"En la guerra y en el amor, todo se vale"*.

Respecto a la pobreza o falta de medios económicos, dicen que *"Cuando el pobre tiene para carne es vigilia"*, en alusión a la temporada de Cuaresma, tiempo en que se guarda la disposición de no comer carne los viernes. También sucede que a veces *"El hambre le pide a la necesidad"* es común entre las personas de escasos recursos que se pidan favores y no tienen mucha solvencia económica, sólo que el espíritu de solidaridad es tan fuerte que salen a flote los buenos sentimientos y vemos que *"No da el que tiene, sino el que quiere"*, mostrando a las claras que la generosidad no va en proporción con la riqueza económica, sino con la bondad y el desprendimiento de los bienes materiales, que van y vienen... bueno, a veces se van y no regresan.

Trabajaba en mi casa una muchacha de rancho que tenía muchos hermanos varones y cuando se le acercaban pretendientes, se los ahuyentaban por machistas y la pobre sufría por ese motivo, decía con mucha razón que *"Son cuidadosos de la honra y descuidados del deber"*, al cohibir la libertad de realizar sus planes personales, no le daban ningún apoyo económico, pero se aseguraban de que la hermana soltera cuidara de sus ancianos padres, causándole frustración. Ella estaba en una condición de tristeza muy profunda *"Como quien gusto no tiene, ni pasos quiere dar"*, porque se sentía como un objeto y no era capaz de tomar decisiones que la enfrentaran a sus hermanos para casarse y hacer su vida.

Al enfrentar tiempos de espera, que en ocasiones se nos hacen muy largos, en especial cuando esperamos algo importante y decimos que *"El que espera, desespera"*, la ansiedad nos altera, pensamos que se alarga el tiempo, sólo es nuestro estado de impaciencia, también *"No hay fecha que no se llegue, ni plazo que no se cumpla"*, todo tan cierto y tan sabio como la vida misma. De tal manera que las bodas, los bautizos, las fiestas y las vacaciones, todo sucede y en breve tiempo todo pasa. Pero *"No hay mal que dure cien años, ni enfermo que lo resista"* porque hay un límite generalmente natural y no hay manera de prolongar las situaciones que se presentan, por lo mismo: *"Para cualquier dolor, paciencia es lo mejor"*, sin alterarnos mucho, ni tratar de forzar situaciones que están fuera de nuestras posibilidades y hasta los trámites burocráticos a veces tan complicados y lentos, que nos parecen absurdos, llegan a desesperarnos y no es mucho lo que logramos con perder la calma y el control, además de que en forma resignada y filosófica se dice que *"Si tu mal tiene remedio ¿para qué te preocupas? y si no tiene, ¿para qué te preocupas?"*.

Aplicando el humor muy a la mexicana se dice que:*"Para todo mal, mezcal, para todo bien, también"*, sugiriendo que una copita de licor a veces causa muy buen efecto, pero no se debe llegar al extremo. Las borracheras ocasionan problemas y son un tema extenso, se comenta que *"No hay borracho que coma lumbre"*, por muy alcoholizado que se encuentre un individuo no es fácil que se exponga a algo que rechace su instinto de conservación. Siguiendo en el mismo tema, al hacer un festejo se pide *"Dame de esa aguita que ataranta"*, porque un poco de vino es alegría sin llegar a propasarse, porque todos los extremos son malos y entonces decimos: *"Agua de las verdes matas, tú me tiras, tú me matas, tú me haces andar a gatas"* refiriéndose al agave, comúnmente conocida como maguey, la planta de donde se extraen el pulque, el tequila o el mezcal, bebidas tradicionales, que se han ganado reconocimiento a nivel internacional. Por cierto que entre las diferentes capas sociales se juzga de distinta manera a los que consumen bebidas alcohólicas, ya que *"En el rico es alegría y en el pobre, borrachera"*, la misma situación, a través de otra lente, el disimulo para el que tiene mucho y la exigencia para el que no tiene; y más vale que *"A borracho y mujeriego no les des a guardar dinero"*, ya que debido a sus inclinaciones no merecen confianza porque no hay dinero que les rinda. Se comenta que *"Los borrachos y los niños siempre dicen la verdad"* porque los niños en su inocencia no saben andar con dsimulos, diciendo las cosas tal como las ven y los que tienen mucho alcohol en la cabeza, han perdido la coordinación de las ideas. *"Al pan, pan y al vino"*, hablando con palabras claras y precisas llamando a las cosas por su nombre.

Vinos... Es un placer para muchos tomar una copita de vez en cuando, muy en especial cuando se disfruta de una buena compañía y de un buen motivo para brindar, la ocasión lo amerita, para los que saben los beneficios que representa el vino rojo, (dicen que disuelve el colesterol de las arterias), pero tomando con moderación *"Vino y queso, sabe a beso; jamón, queso y vino, a beso divino"*, *"A caracoles picantes, vino abundante"* siendo un buen complemento, ya que los bebedores expertos saben combinar las bebidas con la comida apropiada y realzan el placer, además de que la satisfacción de compartir con las amistades, son un elemento adicional por lo cual se puede exclamar *"Comamos y bebamos, que en buena casa estamos".*

En Francia, España, Italia y Grecia, siempre incluyen los vinos en sus comidas y llevan una alimentación variada en peces y mariscos, verduras, aceite de oliva, pollo y quesos, conocida como la "dieta Mediterránea" que les proporciona un excelente estado de salud. *"A bebedor fino, primero agua y luego vino",* también se recomienda que *"A borracho fino poco dulce y mucho vino".* Dicen que tres cosas tiene la vida: salud, dinero y amor, para disfrutarla tenemos que cuidar esos tres regalos y no hacer mal uso de ellos. Lo importante es no llegar a excesos, porque se pierde la conciencia y el equilibrio mental, conducir un auto en estado alcohólico puede llegar a ser de consecuencias fatales por lo que se recomienda contar con un conductor designado (o resignado) a batallar con amigos necios.

Dicen que: *"A la casa de tu amigo el rico irás siendo invitado y a la del necesitado, irás sin ser llamado",* porque las personas sencillas no siguen protocolos y viven sin complicaciones. Lo más sencillo es lo mejor, la sofisticación y otras poses o actitudes artificiales no son lo más apropiado, pero se debe respetar a todos. Llegando a la conclusión de que *"Lo más claro, es lo más decente",* nos repetía mi madre: *"La verdad no peca, pero incomoda",* porque escuchamos la verdad en labios de una persona sincera que nos dice algo que no queremos escuchar y es para nuestro bien. Cuando escuchen decir *"No tengo pelos en la lengua"* es porque se dicen las cosas claramente sin darles vueltas ni disimulos. Hay personas que viven acumulando mentiras, en todos aspectos, la falsedad y el engaño son su carta de presentación y luego no saben ellos ni qué decir, porque *"La mentira dura, hasta que la verdad aparece"* y aunque la gente los identifique como gente poco confiable, ellos siguen en ese camino, como parte de su personalidad y recuerdo muy bien que: *"Para decir mentiras y comer pescado, hay que tener mucho cuidado",* que finalmente es lo mismo que *"Para decir mentiras, hay que tener buena memoria".* En muchas ocasiones encontramos algunas personas que desgraciadamente, han caído en su propia trampa y ya nadie les cree, lo cual es muy triste pero cierto.

Dicen que *"Hombre perfecto no hay dos, hubo uno y era Dios",* mejor aceptar y reconocer que humanamente no existe la perfección y en ese aspecto vemos *"Amigo en la adversidad, amigo de verdad",* las personas que te apoyan y te comprenden en el caso de situaciones difíciles, los que son leales y sinceros, en realidad son los que te quieren y te demuestran sus buenos sentimientos. En el camino de la vida he enfrentado variadas circunstancias, alegres y tristes, de todo un poco y he tenido la fortuna de saber que mis verdaderos amigos, no necesariamente son los que me adulan, sino los que me han dado un abrazo sincero, una sonrisa amable, una palabra de consuelo y los valoro y los quiero con todo mi corazón, porque ahí siguen, presentes, sin adoptar poses falsas. Unos se han ido al "Más Allá", pero su recuerdo sigue presente, a otros los tengo en México y las nuevas amistades van llegando, uniéndose a mi persona, compartiendo mucho de lo que somos y tenemos, en todos los aspectos, sin competencias ni envidias *"Si la envidia fuera tiña, cuantos tiñosos habría"*, (la tiña es una enfermedad de la piel, muy contagiosa por cierto).

Cuando yo era muy pequeña, quizá sufría porque no todas las personas a mi alrededor me mostraban afecto y fué cuando aprendí: *"En la Alameda me dijo un loco: agua de piña, agua de coco, si tú no me quieres, ni yo tampoco"*, aceptando que los sentimientos no se deben forzar, pues *"A fuerza, ni los zapatos entran"* y al paso de los años me dí cuenta, que *"Quien siembra vientos, cosecha tempestades"*, inevitablemente los resultados son naturales, la amabilidad es mejor arma que la imposición violenta de nuestras ideas, igual que aquella canción mexicana que dice: *"No soy monedita de oro, pa' caerle bien a todos"*.

Decía mi querida madre *"Atrapa más moscas una gota de miel que un litro de hiel"*, en aquellas ocasiones que mostraba enojo y rebeldía frente a las dificultades me hacía reflexionar. Cuánta paciencia puso ella en todos sus hijos, fui la mayor de todos, cuánto trabajo y cuántos desvelos depositó en nosotros, pero en los primeros años no se valora tanto esfuerzo y dedicación, hasta que fuí madre la comprendí; ella y yo llevábamos una muy buena relación, no sólo recibía elogios y cariñosas recomendaciones, también me daba mis buenos "jalones de orejas", haciéndome ver mis errores. Cada año en el día de mi cumpleaños, la llamaba por teléfono temprano para darle las gracias por haberme dado la vida; gocé de ella muchos años, tratando de aprender un poco de su sabiduría y sus valiosos consejos, ya que estaba dotada de un gran sentido común, que es el menos común de los sentidos y de una aguda intuición femenina, lo que se conoce en algunas partes como premoniciones o presentimientos y ella decía que eran corazonadas y anticipaba acontecimientos a veces muy fuertes que nos dejaban sorprendidos. En el tiempo que publicaban mis comentarios en el periódico, después de leerlos me daba alguna recomendación, diciéndome: escribiste con el cerebro, pero te faltó sentimiento o me hacía alguna atinada sugerencia, luego de largos años de convivencia, la sigo echando de menos pero me consuela que la llevo en mi corazón y en mi sangre.

A mi padre también lo recuerdo porque era muy correcto al hablar, un hombre muy inteligente, era abogado, tenía fama de gran honradez y al ser la hija mayor lo disfruté de manera muy especial, me llevaba del brazo y platicaba mucho conmigo. Lo acompañaba en sus viajes de negocios a Querétaro, Guanajuato y a la Capital, por lo cual me enamoré de esas ciudades y cada vez que las visito lo recuerdo de manera muy especial, porque él me acompaña en espíritu. Disfrutaba intensamente sus narraciones de la Historia de México y era muy interesante escuchar sus conocimientos. Me alentó mucho a escribir y me decía que cuando tuviera un pensamiento que valiera la pena, lo escribiera, lo leyera y si no valía la pena, lo destruyera. Hice caso a su consejo: en la temporada de estudiante tuve la oportunidad de colaborar con el pequeño periódico de la Preparatoria, llamado El Bachiller, pero dejé la escuela, seguí mi camino por la vida, me casé, crecieron mis hijos, podía disponer de un poco de tiempo para otras actividades y un buen día sentí el impulso de poner mis pensamientos en un papel. Después al compartirlos con una persona, me ofreció la oportunidad de colaborar con su publicación que se distribuía cada dos semanas; al paso de un tiempo, un lector amigo me alentó a participar en un diario de mayor circulación, en el cual escribía un pequeño artículo cada domingo, comentando las situaciones del diario vivir alrededor mío, en mi ciudad, en mi país y el mundo entero, dándoles un enfoque muy personal desde mi enfoque de mujer que ha recorrido muchas etapas de la vida: hija, hermana, esposa, madre, abuela y ciudadana, que me dieron experiencia y oportunidad de expresar mis ideas, resaltando los hechos que de una manera u otra afectaban no sólo a mi persona sino a muchos más, así tuve la satisfacción de compartir mis expresiones e ideas con un público que me exhortaba a continuar haciéndolo, porque me decían que podía plasmar lo que ellos no tenían facilidad para comunicar; nunca recibí un pago, pero me sentía muy satisfecha de poner un granito de arena a favor de mi comunidad.

De la vida y de la muerte hay un extenso tema, porque ambas son un gran misterio, sabemos el día en que nacimos, pero a menos que haya una condena de muerte, no sabemos el día en que vamos a morir, al enfrentar situaciones difíciles decimos que: *"Mientras hay vida, hay esperanza"* y que *"La esperanza muere al último"* y nos aferramos a esa posibilidad, por lo mismo decimos *"Todo tiene remedio, menos la muerte"*, en ese anhelo por retener la vida hasta el último aliento, porque es un gran misterio y nos aferramos a este mundo, con sus altas y bajas, sin reflexionar que en algunas situaciones la muerte es el remedio o el descanso, después de largas agonías y sufrimientos, tanto del enfermo como de quienes lo atienden o lo rodean. Lo mejor es aceptar que la vida tiene un final inevitable y por muy difícil que sea, es una realidad que debemos aceptar y en esos tristes episodios de perder a personas muy allegadas, además de mi fe, he tenido gente muy buena a mi alrededor que me han dado apoyo y consuelo, por lo cual ha sido más llevadero el dolor, sabiendo que: *"Al final del túnel siempre brilla la luz"* y que invariablemente *"Después de la tempestad, viene la calma"*.

"De músico, poeta y loco, todos tenemos un poco", (quizá un mucho), según las circunstancias que nos rodean, las personas vamos manifestando distintas emociones que sacan a flote un estado de ánimo: alegría, tristeza, satisfacciones o frustraciones, que nos motivan a reir, llorar, cantar, *"El que canta, a las penas espanta"* porque tener caras largas y estar quejándose de todo no es nada bueno, más vale ver el ángulo positivo de las situaciones, encarar los problemas de la vida con entusiasmo y fortaleza. *"Cuando llorar no se puede, también de dolor se canta"* para dar rienda suelta al sentimiento que nos embarga y muchos sacan a flote la inspiración que ha motivado a poetas y compositores reconocidos mundialmente. Se canta al amor, al desamor, a las mujeres, a las fiestas, al caballo, al árbol, a la vida, en fin todo puede ser un buen tema. La música es el idioma universal que con su sonido, ritmo y armonía agrega un bello complemento a mi vida personal y llena todos los rincones de mi alma, una de las Bellas Artes que complementan al ser humano y *"Hay muchos que llevan la música por dentro"*, porque llevan mucha alegría en su interior y tienen el don de transmitirla, de ellos se dice que son alegres como cascabeles o castañuelas. *"Al son que me toquen, bailo"*, no sólo en relación con el baile, sino que hay personas que tienen muchas habilidades y saben desempeñarlas en el momento preciso, de algunas de ellas se dice que *"Es un estuche de virtudes"*.

También la inspiración puede motivarnos a escribir unas palabras en prosa o en verso; desde jovencita mi padre me animó a poner en papel mis pensamientos, seguí ejercitando esta inclinación, que me ha servido para sacar a flote muchos recuerdos y vivencias; escribí algunos pequeños poemas, lo cual para algunos resulta un poco cursi o imposible, pero cuando te brota del alma hacerlo es una satisfacción expresarlo de esa manera. Sentimos a veces un arrebato incontenible de manifestar nuestros sentimientos y cometemos alguna acción que nos impulsa a gritar, saltar, o algo un tanto más atrevido que se puede calificar como chifladura, tontería o equivocación. Ojalá que de estos arrebatos no nos tuviéramos qué arrepentir, siendo precavidos para evitar una consecuencia desagradable o irremediable.

Quién no habra oído decir que en esta vida tenemos que sembrar un árbol, escribir un libro y tener un hijo, todo aparentemente es muy sencillo: sembrar un árbol quizá sea lo más fácil, pero también implica determinación para seleccionar el tipo de árbol y dónde lo vamos a plantar, además de comprometerse a cuidarlo o dejarlo en un lugar adecuado que no precise de un cuidado directo; escribir un libro requiere de mucha reflexión ya que al escribir algo debemos tener una idea anticipada, mucha imaginación, conocimientos, decisión y cierta facilidad para realizarlo, además de suerte de que lo lean. Eso de tener un hijo o varios, además del gran privilegio de la paternidad o maternidad, es un don de Dios, transmitir la vida a alguien que va a depender de nuestro cuidado responsable por mucho tiempo, hasta que sea capaz de valerse por sí mismo y como a una plantita que requiere cuidados, es necesario sembrar fuertes valores en su espíritu, procurarles el alimento físico y espiritual convenientes para su desarrollo integral para que sean gente de bien y como me dijo una sabia amiga, ser madre es para toda la eternidad. O sea que no solamente es cumplir con el instinto de preservación de la especie, como los animales, sino más allá, lo que implica ser buenos padres, un poco de sacrificio y de entrega, pero mucha satisfacción al ver a nuestra descendencia sin preguntar qué mundo van a heredar mis hijos, sino qué hijos voy a heredarle al mundo.

En más de una ocasión hemos tenido qué enfrentar a una persona imprudente o de mal comportamiento que insulta, ofende y provoca, luego se recomienda **"A palabras necias, oídos sordos"**, ser prudente para no exponerse a una situación violenta, ya que es bien conocido que: *"No hay enemigo pequeño"*, si bien David el pequeño pastor se enfrentó a Goliat, (quien dicen era un gigantón), derrotándolo, también es muy digno saber que *"Frente a enemigo fiero, piés, para qué los quiero"*, en fin que *"Más vale aquí corrió, que aquí quedó"*, siempre el consejo oportuno para ser precavido, porque abundan los abusivos en todas partes, en la escuela, en la calle, el gobierno, los malvivientes, etc. y de allí resulta que *"El valiente vive, hasta que el cobarde quiere"*, porque llega el momento en que la gente cansada de imposiciones, tiranías y crímenes, se organiza para poner un límite a males que afectan a la sociedad moderna, cuando la autoridad no es efectiva o desatiende sus obligaciones de proteger al pueblo, tomando la ley en sus manos. La criminalidad ha crecido en forma escandalosa, la llaman delincuencia organizada, pero la gente buena debe estar organizada para hacer un frente fuerte y poderoso contra ese terrible cáncer que ataca a la sociedad moderna; por principio de cuentas, las familias deben hacer lazos más fuertes para protegerse y la organización de frentes que le den batalla a ésos malvivientes, exigiendo a las autoridades que saquen la corrupción que protege al delincuente. La siembra de valores morales y espirituales hacen una fortaleza que detiene a los jóvenes decentes para que no sean presas fáciles e indefensas en contra de las trampas que tiende el mal.

"El que mal anda, mal acaba", palabras repetidas para alejarnos de malas compañías o malas inclinaciones, haciéndonos reconocer que elegir siempre un buen camino es lo más recomendable, porque se debe tomar en cuenta que *"El que la hizo, la espere, porque el que a hierro mata, a hierro muere"*, aunque lenta, la justicia va a llegar. Nunca debemos ignorar que *"El que juega con fuego, en él perece"*, sabio consejo que recomienda evitar el peligro de cualquier tipo, no solamente físico sino también moral.

En Europa, aún quedan monarquías, algunas familias reales, más simbólicas que efectivas (en cuanto a sistema de gobierno), se apegan a una serie de costumbres y reglamentos que se llaman protocolo, en medio de 'pompa y circunstancia' que los exhibe como si fueran diferentes, pero tienen virtudes y defectos que los muestran comunes y corrientes, o más corrientes que comunes, como el resto de la humanidad, aunque poseen títulos de nobleza, (una rancia aristocracia) que no son reconocidos en el Continente Americano, en nuestro lenguaje coloquial se dice que *"A rey muerto, rey puesto"*, porque hay una sucesión lógica de hechos en la vida y *"Muerto el rey, viva el rey"*, porque es la voluntad popular la que decide un gobierno; en la Historia de la Humanidad muchas monarquías cayeron, muchos tiranos y dictadores terminaron al enfrentar la oposición de pueblos que se habían cansado de sufrir las atrocidades y abusos. En la vida diaria, cuando estamos hablando de alguien y esa persona se presenta frente a nosotros, decimos: *"Hablando del rey de Roma, y por la puerta se asoma"*.

En relación a los viajes nos han dicho que *"Los viajes ilustran"*, porque al viajar adquirimos muchos conocimientos referentes al lugar que visitamos, no sólo se admira el entorno, sino que es muy interesante saber acerca de la Historia, la Geografía, los habitantes y sus costumbres, y *"Preguntando se llega a Roma"*, porque *"El que pregunta, no yerra"*, más vale preguntar para no cometer errores ni perdernos en el camino, aunque dicen que *"Todos los caminos llevan a Roma"* pero primero hay que tener un dinerito, ahorros o muy buenas posibilidades, porque resulta costoso el placer de viajar. La vida es un viaje, una jornada misteriosa que nos lleva a distintas situaciones y es necesario avanzar porque *"Se hace camino al andar"*, y *"Nadie sabe del camino, sólo quien lo tiene andado"* porque conoce los senderos, atajos y vericuetos, haciéndolo con decisión porque *"El que persevera, alcanza"*, ante la incertidumbre procurar realizar los planes y proyectos, así que: *"No dejes para mañana lo que puedas hacer hoy"*, además de acumular trabajos que nos complican su cumplimiento, más vale hacerlo pronto y con buena disposición, porque solo contamos con el tiempo presente.

Al salir de la ciudad donde vives, vas encontrando otros horizontes, diferentes personas y tal vez quieres mejorar tu situación pero dicen que *"Sales de Guatemala y llegas a Guatepeor"*, reconociendo que quizá en tu pueblo estabas mejor. También hay un dicho de los capitalinos *"Saliendo de México todo es Cuautitlán"*, porque orgullosos de vivir en una gran ciudad que es conocida como la Ciudad de los Palacios, todo lo que ven se les hace poca cosa, reconociendo que la Ciudad de México es hermosa, llena de historia, de arte plasmado en edificios, monumentos y museos que dan muestra de su belleza, pero también tiene complicaciones muy especiales. En el estado de Guanajuato, muy cerca de la ciudad de Celaya, están los Apaseos, (el Grande y el Alto), que han crecido bastante y de alguno de los dos se dice *"He comido chabacanos de las huertas de Apaseo, nomás a mi Prieta quiero y a las demás las toreo"*, son graciosas expresiones llenas de amor al terruño. Hace mucho tiempo, en el camino a Guadalajara, hermosa ciudad capital del estado de Jalisco, también conocida como "La Perla Tapatía", pasabas por un puente en Lagos de Moreno, Jalisco, donde colocaron una placa que decía: *"Este puente se hizo en Lagos y se pasa por arriba"*, porque la gente se quedó acostumbrada al camino viejo. De ahí puedo comentar que muchas personas nos apegamos a las costumbres que forman un modo de vida, porque casi las tenemos pegadas a la piel y para no andar experimentando *"Más vale malo por conocido que bueno por conocer"*.

En el tema de los hijos dicen que: *"El pan ajeno hace al hijo bueno"*, porque en algunas ocasiones los niños obedecen más a otras personas que a sus padres. Y si oyes que: *"Hijo de tigre, pintito"* y que *"De tal palo tal astilla"* o *"No niega la cruz de su parroquia"* es debido a que los chicos heredan o imitan las virtudes o defectos de sus padres. *"De casta le viene al galgo";* es otra frase con el mismo significado. *"Los hijos y los maridos, por sus hechos son queridos"*, porque nos gusta que sean amables y corteses, que no se comporten como si todo se lo merecieran, aunque exista la obligación no está de más la consideración y el cariño que se expresa amablemente. También repetía Mamá: *"Hijos chiquitos, trabajos chiquitos, hijos crecidos, trabajos llovidos, hijos casados, trabajos multiplicados"* porque aumenta la familia y decía Papá, *"Es el mismo costal, con más harina"*, a la llegada de los nietos y las atenciones se multiplican, pero también se reciben caricias nuevas, retoños frescos del árbol familiar que alegran la casa con sus gracias y sus risas, por lo que cada nuevo bebito es una gran bendición.

Entre mis recuerdos más vivos de la niñez tengo a mi abuela materna, que era muy dulce y nos contaba los cuentos maravillosos de antaño: de Andersen, de los hermanos Grimm, de Perrault, etc. los clásicos e inolvidables: Caperucita Roja, Blanca Nieves, Hansel y Gretel, Pinocho, el Patito Feo y otros libros más como El Fantasma de la Opera, La Bella y la Bestia, que en nuestra viva y fresca imaginación veíamos a cada uno de los personajes fantásticos, por aquellos días no había televisión. Ella leía mucho, porque siendo muy pequeña perdió el oído a causa de una enfermedad y como en su época no se conocían los antibióticos, los males eran irremediables y con secuelas muy duras. Disfrutamos mucho de tener una abuela tan paciente y dispuesta, por éso es que *"El que no sabe de abuela, no sabe de cosa buena"*, porque la abuela es Mamá Grande.

Los primeros años de infancia disfrutábamos de las canciones de Cri-Cri, "El Grillito Cantor", un señor compositor de prodigiosa imaginación, orgullo de México, llamado Francisco Gabilondo Soler, que inspirado en muchos animalitos y personajes muy suyos les dió vida, endulzó nuestros oídos y llenó nuestra mente con esa fantasía maravillosa, que se difundía en su programa de la "W" en la radio y después grabó numerosos discos que deleitaron a muchas generaciones de niños mexicanos, conocimos al Ratón Vaquero "Gringuito", lloramos con la Muñeca Fea, marchamos con la Marcha de las Letras, visitando la escuelita del maestro don Pipirulando, veíamos a doña Cocorica con sus diez pollitos por el corral, nos espantaron las Brujas, vimos a los Tres Cochinitos, conocimos muy bien a la Negrita Cucurumbé, a quien no le gustaba su color y bailamos con el Negrito Sandía, asistimos a la boda de los Palomos, tan enamorados, acompañamos al mercado a la Patita, supimos que su marido era un pato desvergonzado y holgazán que no le gustaba trabajar (a veces sucede en la vida real) y nos imaginábamos al Chorrito con las hormiguitas allá en la fuente y bailamos el Tango de Las Canicas con el "Ché" Araña; una tarde llenos de curiosidad le pedimos a la Abuelita que abriera su ropero lleno de recuerdos y fotos del abuelo el Coronel .... No necesitábámos de mucho para ser felices, apenas era el principio de la televisión, jugábamos en casa con los hermanos y a veces invitábamos a los vecinos o ellos nos invitaban. *"Soñar no cuesta nada"* menos aún cuando se es niño y los sueños inocentes tienen la exquisita suavidad de una nube. Se dice que la vida es un sueño y que los sueños, sueños son, pero es conveniente no pasarse la vida soñando, sino abrir los ojos y tratar de que lo soñado se vuelva realidad, ya que al contrario, la vida puede parecer una pesadilla.

En casa teníamos una colección de libros infantiles llamada "El Libro de Oro de los Niños", que me gustaba mucho leer y los devoraba, tenían temas muy variados e interesantes del saber humano, adaptado a las mentes infantiles, lo mismo Historia que Mitología, cuentos infantiles clásicos, Literatura y conocimientos generales; al pasar el tiempo e ir a la escuela tenía grabados en mi mente mucho de lo que había aprendido de una manera tan sencilla y amena, y seguí siendo aficionada a la lectura.

En tiempos anteriores se cuidaba mucho que las conversaciones de adultos donde se mencionaban asuntos delicados no se hicieran en presencia de los niños, el sexo era un tema tabú y no se hablaba de manera abierta y menos en presencia de menores, si acaso rondaban por ahí, los alejaban diciendo *"Ve con tu abuelita para que te de tenmeacá"* evitando que los niños se enteraran de lo que no era conveniente para sus tiernos oídos y si se acercaban decían de modo sutil para avisar que se cambiara de tema: *"Hay moros en la costa"* o *"Hay pájaros en el alambre"*, muy diferente a como sucede actualmente, que los pequeños escuchan hablar a los mayores sin ningún respeto, aprenden palabras soeces y saben muchas cosas porque son pequeñas esponjas que lo absorben todo y entienden más de lo que creemos.

Sabemos que *"El que con niños se acuesta, mojado amanece"*, ya que son las consecuencias de cuidar niños, cambiarles pañales y andar detrás de ellos, lo cual representa un poco de cansancio, pero es mayor la satisfacción. La llegada de los nietos a la vida de sus abuelos es una nueva ilusión, con el beneficio de que no es una obligación sino un gran deleite, como al fin de una comida disfrutar de un delicioso postre, los observamos con orgullo, nos recreamos al verlos desempeñarse primero con dificultad, propia de su pequeña edad y poco a poco se desenvuelven con la gracia que los caracteriza. El árbol de la vida va aumentando sus ramas y se llena de nuevos retoños que nos traen nuevas ilusiones y grandes satisfacciones con esos pequeños seres, que llevan nuestra sangre y nos llenan de felicidad.

Pero ¡cuidado!: criar hijos es una tarea difícil y delicada, como llegan sin un instructivo de manejo, vamos haciendo lo que podemos y a veces, lo que no podemos, para sacarlos adelante, *"Echando a perder se aprende"*, como se dice, pero *"Ni tus hijos ni tu estómago necesitan todo lo que les das"* les procuramos en exceso lo que no necesitan y no les enseñamos el valor del trabajo, ya que los consentimos y en ocasiones llegamos al extremo de darles más de lo que se puede y se vuelven egoístas, casi tiranos, exigentes en extremo.

"Cría cuervos y te sacarán los ojos" parece mentira, pero hace mucho tiempo conocí a una pareja, que no tenían hijos y la señora sufría mucho por éso. Luego nació un hijo que fué único, lo colmaron de cariño y atenciones en exceso, porque no había un deseo de ese niño que no fuera cumplido. Creció y al llegar a jovencito, se convirtió en un gran problema, porque sus padres le solapaban sus malas inclinaciones, no le gustaba la escuela, pero sí la vagancia y empezó a frecuentar malas compañías que lo indujeron al consumo de drogas, llegó un día con su mamá y le pidió dinero, que ella en ése momento no tenía, se lo negó, él la golpeó y a consecuencia del golpe, perdió

un ojo. El montó en su motocicleta, tomó por la carretera y en su furiosa carrera y a causa de su adicción, sufrió un choque mortal; la pobre mujer perdió la razón y el padre debe haber sentido la mayor tristeza y mucho arrepentimiento. Muchos casos se repiten por la misma causa en diferentes lugares o sea que cualquier parecido con la vida real es simple coincidencia que se repite, por tanto: *"Al que le quede el saco, que se lo ponga"* sin afán de ofender, porque son fuertes lecciones que invitan a reflexionar. En las relaciones familiares debe reinar la confianza, sólo que en ocasiones se recomienda mucho la sutileza al hablar porque es fácil herir la susceptibilidad sobre todo en los parentescos políticos que se manejan con pinzas por éso, usando la fina diplomacia casera: *"Te lo digo M'hija, pa que lo entiendas mi nuera"*, o *"Te lo digo Pedro, pa'que lo entiendas, Juan"*, es una forma indirecta de mencionar algunos temas o dar algunas sugerencias, para que no se den por aludidos de una manera personal.

"Después del niño ahogado, tapar el pozo", porque después de una triste e irremediable situación, sólo podemos lamentar lo sucedido, porque en muchos lugares hay peligros que acechan muy en especial a los niños, así que es preferible anticiparse a las malas situaciones, *"Es mejor prevenir que remediar"* evitando en lo posible los sucesos que nos pueden traer consecuencias trágicas ya que es bien sabido que después de un accidente la vida no es igual. Es curioso que si requerimos ayuda a veces se da el caso de que *"Pedimos el remedio y el trapito y sóbale aquí tantito"*, aprovechando la buena disposición de la gente.

En diferentes lugares del mundo se organizan festejos por distintos motivos y algunas veces alcanzan mucha fama, los festivales de arte y cultura como las Ferias del Libro que son grandes exposiciones donde se promueve la costumbre de leer e invitan a escritores de distintas partes a presentar sus obras: haciendo honor a Miguel de Cervantes el autor de "Don Quijote de la Mancha", el Festival Internacional Cervantino, con más de 40 años de celebrarse y tiene como sede la ciudad de Guanajuato, el Fertival Internacional de la Cultura Maya, en Mérida, Yucatán; las tomatinas, las fiestas de San Fermín, en Pamplona, España, donde cada año sueltan toros de lidia, enormes y muy bravos por algunas calles del pueblo para que los turistas envalentonados con unos tragos de más los enfrenten de manera muy insensata, a veces corre la sangre; lo mismo pasa en las fiestas de San Miguel de Allende, Guanajuato, imitando a los españoles.

En Munich, Alemania, son célebres las fiestas de Octubre (Oktoberfest) donde la cerveza y el vino blanco son los principales ingredientes. Hay otros que se realizan en época de vendimia, en los variados países donde se cultiva la vid, y al cosechar las uvas tienen sus tradicionales fiestas, muy alegres por cierto. En un viaje que realicé por Alemania, acompañada por mi difunto esposo y por nuestros compadres Hans y Rosita, (él es alemán y conoce el idioma), hicimos un recorrido por distintas regiones; estábamos en la ribera del río Mosel a principios de Agosto; andábamos cansados y hambrientos, hacía mucho calor, nos metimos a una taberna típica y al comenzar a comer, llegó un grupo de hombres, se sentaron y al rato comenzaron a cantar a capella, con sus graves y entonadas voces. Dejaron el canto y nosotros que ya habíamos comido y brindado con cervezas por los dones de la amistad, la vida y los viajes, comenzamos a cantar nuestras canciones tradicionales: la Canción Mixteca, el Rey, la Serenata Huasteca y cuando comenzamos el Cielito Lindo, ellos se unieron a nosotros, cantando en español nuestra hermosa melodía, lo cual nos llenó de emoción, porque estando lejos de la patria, llega la nostalgia y apreciamos mucho que a nuestro país se le conozca. En ese mismo viaje llegamos a la ciudad de Florencia, cuna del Renacimiento y admiramos esa profusión de belleza y creatividad exquisita de los grandes artistas, queríamos ver todo, pero el cansancio nos rindió y era necesario comer y beber para reponernos un poco, así que caminamos por una plaza y nos llamó la atención que un grupo musical interpretaba música de ritmo alegre, muy conocido para nosotros, la pieza se llama "Quizás, quizás, quizás" y decidimos entrar; después de ordenar comida y bebida, un tenor se presentó anunciando que iba a cantar música española, comenzó su presentaciónc y con muy buena voz entonó "Granada", "Júrame", "Bésame mucho", "Te quiero, dijiste", y cuando terminó, le pedí a mi amiga que me acompañara al baño, pero yo deseaba buscar al tenor, lo encontré, lo felicité por su hermosa voz y le dije que las melodías que nos había cantado eran mexicanas, se disculpó con mucha sencillez y nos mostró sus partituras, pidiéndonos que le pusiéramos el nombre de los autores, a lo que con muchísimo gusto accedimos, haciendo honor a Agustín Lara, Consuelito Velázquez y María Greever, grandes compositores de México que los grandes cantantes han dado a conocer al mundo entero.

Las ferias de los pueblos en México se realizan con distintos motivos, históricos o religiosos y hay un comité organizador de los festejos, eligen a una joven y bella mujer quien funge como reina y encabeza variados eventos, como bailes y desfiles, generalmente se presentan artistas locales y de fama nacional o internacional según las posibilidades y se presentan exposiciones de productos regionales, ganado, industria, comercio, juegos mecánicos, y atracciones para grandes y chicos, tratando de fomentar el turismo, despertando el interés de los asistentes, ofreciendo los deleites de la exquisita cocina regional; así en Enero, la Feria de León, Guanajuato, como dice la canción de José Alfredo Jiménez, "allí se apuesta la vida y se respeta al que gana"; la Gran Feria de San Marcos en Aguascalientes, famosa por su Palenque, el Casino, las corridas de toros, con figuras de gran cartel, las bandas de música y gran alegría, que dura casi todo el mes de Abril y es muy famosa y concurrida, la Feria de Querétaro, (muy bien organizada) con distintas exposiciones y la Feria de Navidad en Celaya, que incluye un desfile de carritos alegóricos de las Posadas, que recorre los Barrios y el Centro de la ciudad, y de la cual guardo inolvidables recuerdos; la Feria del Caballo, en Texcoco, estado de México, no la conozco, pero goza de buena fama.

Al cambiar mi residencia a los Estados Unidos, Fernando mi esposo y yo hemos acudido a la Feria Estatal de Dallas, Texas, que tiene grandes instalaciones y la organización es excelente, los jueves ofrecen entrada gratis a las personas de la tercera edad, además de que el transporte que ofrece el tren urbano a muy buen precio, lo abordamos sin necesidad de conducir nuestro automóvil, de manera muy cómoda llegamos directamente hasta la Feria que tiene muchos atractivos, combinada con el estadio Cotton Bowl que está dentro, donde se llevan a cabo partidos muy reñidos de distintos deportes, las exhibiciones comerciales muy variadas, hay instalaciones que venden comida típica e internacional y este año fuimos a ver las Linternas Chinas, que está ubicado en un escenario donde predomina el agua, en el Lago, a pesar de que las vimos durante el día, nos maravilló el gran colorido de las grandes figuras confeccionadas de seda sobre armazones de alambre y nos dimos cuenta de que todas cuentan con alumbrado, que seguramente en la noche se han de ver preciosas. Diversos animales como dragones, perros, monos, tigres, flamencos, y muchas flores y figuras humanas ocupan gran parte de ese espacio, pero lo que más me sorprendió fué la gran Pagoda de Porcelana que mide alrededor de cinco metros y está elaborada con 68,000 piezas de cerámica blanca y azul: platos, vasos, tazas y cucharas, unidas a mano y que es una réplica de la original que está en China, en medio del lago hay un bote con figura de enorme dragón, además anuncian un espectáculo de atletas, que seguramente se desempeñan con la destreza y agilidad que los caracteriza, pero desafortunadamente no pudimos quedarnos. Buscábamos la salida y nos encontramos con una vigilante a bordo de un carrito, le pedimos información y amablemente se ofreció a llevarnos; tomando en cuenta de *"Que cada quien habla de la feria según le va en ella"*, puedo decir con mucho agradecimiento que me ha ido muy bien.

"No dejes para mañana lo que puedes hacer hoy" significa que es muy conveniente que hagamos con prontitud nuestro trabajo, porque no sabemos si al día siguiente vamos a tener vida. *"Todo tiempo pasado fué mejor"*, es una frase nostálgica que a las personas mayores nos reporta hacia nuestra juventud, nuestra memoria nos presenta recuerdos de aquellos tiempos, así estamos mirando hacia atrás, hacia una etapa que no tiene regreso, pero al decirles a los niños y a los jóvenes: *"El tiempo es oro"* no lo comprenden porque para ellos no existe el pasado, son una página blanca y limpia, su mente es fresca y siempre ven hacia un futuro, representan la esperanza del mundo y les decimos: *"El que adelante no ve, atrás se queda"* para que se preparen con estudios y el aprendizaje de todas las cosas buenas que puedan, porque nunca se sabe en qué momento van a necesitarlos.

Un hábito muy importante es la puntualidad, esa virtud que significa aprovechar el tiempo y llegar en el momento adecuado, al respecto nos enseñaban que **"La puntualidad es cortesía de reyes"** porque es una regla de urbanidad y respeto, organizando nuestra vida y respetando el tiempo de los demás. El ritmo de vida se ha hecho muy acelerado, sobre todo en las grandes ciudades con relación a las grandes distancias y el transladarse de un lado a otro, que a veces ocupa mayor espacio de tiempo, la gente se compromete en variadas actividades y necesita organizar su vida de una manera anticipada para evitar prisas y sorpresas de último momento.

Al mencionar al diablo, también se le nombra como "el chamuco" o "el pingo', ese siniestro personaje que es la representación del mal y se supone que además de tramposo tiene gran experiencia, por lo que no hay duda de que *"Más sabe el diablo por viejo que por diablo"* y por añadidura se extiende a las personas de edad, quienes han hecho un gran recorrido por la vida acumulando conocimientos de manera que los jóvenes pueden aprovechar ese caudal de sabiduría.

"Uno propone, Dios dispone, llega el diablo y lo descompone" porque en diversas ocasiones hemos hecho un plan para realizar algo, con nuestro ingenio y capacidades, creyendo que todo está muy bien organizado, pero por algún motivo ajeno a nuestra voluntad resulta un cambio inesperado que nos sorprende y nos altera, para pronto darnos cuenta de que ese giro fué muy favorable, reconociendo que nuestros deseos pueden ser cambiados, porque al disgustarnos y empecinarnos en un capricho puede ser que los resultados sean negativos. Se dice que *"Tanto quiere el diablo a su hijo, hasta que le saca un ojo"*, por aquellos cuidados exagerados que prodigan algunos padres a sus hijos, los cubren en exceso, los sobrealimentan, los protegen demasiado, de manera que en vez de hacerles un bien, les hacen mal, sin permitirles que ellos desarrollen sus habilidades o se adapten a la vida.

Existe un valor intangible llamado Tiempo, infinito e inapreciable, que los humanos tratamos de medir con relojes que señalan horas, minutos y segundos, usamos calendarios que indican los días, semanas y meses, que se acumulan en años, sexenios, décadas, siglos, milenios, eras que mencionan la evolución de la Humanidad y como sea, que se pierden en la memoria universal y según las culturas y civilizaciones cuentan los períodos de tiempo relacionados con la vida y las actividades; sabemos que hay calendario chino, hebreo, cristiano, etc. pero cada ser humano tenemos nuestra vida, nuestro propio tiempo y nuestra oportunidad, dando testimonio de hechos y sucesos que son comunes a los demás, pero que nos afectan a cada uno de distinta manera, según costumbres, necesidades, crisis y demás experiencias que son comunes a muchos.

"Más vale tarde que nunca", ya que en un afán de apresurarnos o tratar de ganarles a los demás, al conducir un auto es fácil apretar el acelerador sin tomar precauciones o faltando al reglamento de tránsito, un motivo que lleva a un hospital o al cementerio. En el plan social se comenta *"Más vale llegar a tiempo que ser invitado"* ya que muchas veces al llegar una visita inesperada se disfruta más por la sorpresa y el gusto de convivir. *"Con el tiempo y un ganchito hasta las verdes se alcanzan"*, al recomendar la paciencia para conseguir el objetivo trazado, nos damos cuenta de que después de un problema serio y de que las aguas se calman volviendo todo a la normalidad, tenemos mucho qué agradecer a la vida pues *"No hay mal que por bien no venga"* aprendemos lecciones que nos fortalecen. Si decimos que *"Recordar es vivir"* debido a que nos invade una añoranza de épocas

anteriores, gracias a la memoria podemos evocar situaciones valiosas pero que no sea un impedimento para disfrutar el presente, viviéndolo plenamente porque el futuro es incierto.

Haciendo mención de males (reales o figurados), es recomendable que si hemos de enfrentar malas condiciones de clima o situaciones complicadas *"Al mal tiempo, buena cara"* con una actitud positiva podremos vencer obstáculos y salir adelante con buenos resultados, de otro modo se presentan mayores dificultades. *"Ir de mal en peor"* está relacionado con una circunstancia que en vez de mejorar, se complica, ya sea una enfermedad, el carácter, una situación económica o cualquier cosa que no lleva un buen camino hacia el arreglo y si oyes que *"Mal de muchos, consuelo de tontos"*, es una expresión muy común de conformismo ante algún mal generalizado y que no se le encuentra una solución, pero hay casos en que *"Está peor el remedio que la enfermedad"*.

"Al mal paso, darle prisa" se recomienda en cuanto tenemos un problema serio se le busque una rápida solución. Es muy conveniente ofrecer una explicación cuando cometemos una equivocación o llegamos tarde a un compromiso, pero no hay qué abusar porque se dice que *"El día que se inventaron las disculpas, se acabaron los tarugos"*, inventando mil pretextos muy increíbles a veces para tratar de quedar bien, pero también sucede que *"Aclaración no pedida, acusación manifiesta"* al tratar de explicar de mil maneras una situación sencilla, la hacemos complicada y nos hacemos de delito, no apreciamos que entre amigos no necesita uno muchas explicaciones.

Cuando el mundo se nos viene encima y nos sentimos tan agobiados que no podemos encontrar la salida, sufriendo una situación extremadamente difícil, nos sugieren la fórmula: *"Si tu mal tiene remedio¿ para qué te preocupas?, y si no tiene, ¿para qué te preocupas?*.

"A grandes males, grandes remedios" porque a la vista de complicaciones muy serias, en especial los médicos tienen la opción de aplicar decisiones que suenan muy fuerte y cuando son sugeridas nos mueven a pensar mucho para elegir lo mejor: cirugías, amputaciones, tratamientos costosos, etc. etc. en fin; pero no es sólo en la enfermedad cuando se deben tomar esas determinaciones, hay muchas situaciones en las que se presentan las alternativas para elegir una solución conveniente, por lo que es bueno tomar distintas opiniones cuando sea posible, porque *"Dos cabezas piensan más que una"*.

Sabemos que hay tiempos de dificultad en los que clamamos justicia o consejos adecuados llegamos a un extremo de *"Ir a ver al juez y no decirle nada"*, porque se nos cierra el entendimiento y no encontramos la salida a los problemas, se nos va hasta la voz y lo que era necesario decir, no llega a la boca, nos percatamos de que *"Cada cabeza es un mundo y cada mundo es un problema"* al darnos cuenta que alrededor nuestro están otras personas con diferentes situaciones que a veces rebasan lo que nos sucede, por lo que se comenta *"No hay corazón desocupado"*.

Hay otra expresión *"El buen juez, por su casa empieza"* así nos decían para no criticar con ligereza a los demás, sabiendo que cada uno tenemos defectos, para hacer un examen de nuestra propia condición; *"Vemos la paja en el ojo ajeno y no vemos la viga en el propio"* es fácil hacer juicios exagerados de la conducta del prójimo sin mirar los propios defectos. En la misma Biblia el Buen Jesús dijo: *"No juzguen y no serán juzgados"* y otra sabia enseñanza tomada de la misma fuente: *"El que esté libre de culpa, que arroje la primera piedra"*, que con frecuencia se nos olvida.

Papá me decía *"Si de la vida quieres gozar, hay que ver, oir y callar"* de manera muy especial recomendaba la prudencia, porque sin tener fundamentos, es fácil abrir la boca y meterse en problemas serios. En tiempos anteriores, la mujer no gozaba de la libertad de expresión ni de otras libertades que ahora se disfrutan, pero también hay oportunidades para que la mujer se prepare en el área profesional, sepa defenderse en la vida y no sea tratada como un objeto útil o decorativo. *"Calladita te ves más bonita"*, con especial dedicatoria a muchas modelos y actrices de moda que pueden ser muy hermosas pero sin tener conocimientos o cultura básica, después las exhiben por su falta de prudencia, en el mismo sentido se dice *"En boca cerrada no entran moscas"*.

Existen personas que tienen como meta ayudar a otros, dedicándose al servicio social, que atiende las necesidades de los que menos tienen, ya sea por medio de organismos como la Cruz Roja Internacional, el espíritu de servicio de los Rotarios, esa organización que trabaja en todo el mundo, vale la pena mencionar el lema que en México tienen y que los inspira: *"El que no vive para servir, no sirve para vivir"*, o *"Dar de sí antes de pensar en sí"*, también hay otra frase que dice *"Vivir para servir"* una buena motivación que inclina al servicio al prójimo, porque como escribió la gran poetisa chilena Gabriela Mistral, "sirve el árbol, sirve la flor"... el universo entero en armonía.

Hemos tenido la gran satisfacción de ser contempóraneos de una mujer maravillosa, la Madre Teresa, tan pequeña físicamente pero gigantesca en espíritu, que se dedicó en cuerpo y alma a servir a los más pobres de los pobres, en Calcuta, India, y sin esperar recompensa los atendía y se ocupaba de sus grandes necesidades, una de sus frases decía que hay que dar hasta que duela, llamando la atención del mundo entero que fuimos testigos de que hay santos de carne y hueso entre nosotros; gente desprendida de las ambiciones que mueven a la mayoría de las personas.

La Naturaleza entera nos pide el ser útiles y hacer buen uso de los talentos que todos tenemos y así darle sentido a la vida. Es triste que digan de alguien *"Está como los niños del Limbo, sin pena y sin gloria"*, porque define a esa persona como un individuo insulso, mediocre, también es usual expresar *"No tiene oficio ni beneficio"*, pero hay otra expresión *"Lo que no sirve es lo que da más quehacer"* porque a veces nos damos cuenta que nuestros esfuerzos son vanos en tratar de arreglar algo complicado o que no vale mucho y es más práctico reponer.

Todos tenemos necesidades físicas y espirituales, pero las más inmediatas se refieren a tener casa, vestido y sustento. En cuanto al vestir, el ser humano ha tenido muchas etapas, tal vez tuvo que protegerse de los elementos naturales, después quizá hayan sentido pudor y la ropa fue evolucionando en relación al clima, a la época y a determinadas exigencias donde la gente elegante quiere destacar en los altos círculos de la sociedad, más tarde hizo su aparición "su majestad La Moda", que en tiempos modernos ha dictado la manera como se viste la mayoría de la gente en los países desarrollados, debido a que los diseñadores son quienes mueven los hilos de la industria del vestido dictando tendencias y estilos que se producen en serie imponiendo prototipos de modelos extra delgadas que muchas jóvenes quieren imitar y de allí han venido problemas de salud como la bulimia y la anorexia.

En tiempos pasados cuando las personas no tenían tantas pretensiones decían *"Ande yo caliente y ríase la gente"*, usando ropa en exceso, aunque no se viera bien, dando a entender que no les preocupaba el aspecto; donde había una familia numerosa, era muy común que la ropa de los hermanos mayores, cuando ya no les quedaba, la "heredaban" los hermanos menores y también a veces sin consentimiento del dueño tomaban prestada la ropa, por éso *"El que de ajeno se viste, en la calle lo desvisten".* en cuanto a los colores, cada persona tiene sus predilecciones, el gusto es muy personal, algunos prefieren los colores obscuros, otros los claros, hay quienes se inclinan por los tonos llamativos, mientras que a otros los tonos discretos y luego vienen las tendencias en cuanto a la temporada, pero *"Quien de amarillo se viste, a su hermosura se atiene o de sinverguenza se pasa"* porque al decir de los expertos, el color amarillo no favorece a muchas personas y se necesita tener mucha confianza en sí misma para usar ropa de ese color; una decisión inteligente es *"De la moda, lo que acomoda"* para no ser esclava de la moda, sino vestirse como uno pueda o quiera, sintiéndose cómoda y de acuerdo a la personalidad, al presupuesto personal o la ocasión y recordar que *"Aunque la mona se vista de seda, mona se queda",* procurando ser discretos, con respeto y originalidad y no aparentar lo que no se es.

Cada persona es única e irrepetible, aunque muchos quieren imitar a otros, cada uno tiene una personalidad, talento y dones, aunque a veces no sean muy notorios, es mejor ser original y no tratar de ser copias o sombras de otros, por lo cual hay una variedad enorme en gustos o inclinaciones hacia lo que pretendemos creer que es belleza, los criterios varían de acuerdo a la época, a la edad, la cultura y diversos factores como en el arte de la pintura, mientras que unos pintores plasmaban figuras delgadas, sumamente estilizadas como El Greco o Modigliani y para otros como Pedro Pablo Rubens o el moderno Botero, las bellezas representadas tienen figuras redondeadas y muy robustas, por lo que *"En gustos se rompen géneros"* y no se puede discutir, para algunos es hermoso y les gusta por lo que *"Lo raro es pariente de lo feo"* a lo cual decía mi Padre: *"El que feo quiere, bonito le parece"* porque el amor pone una venda en los ojos, impidiendo que veamos través de ojos ajenos, también decía Papá que *"Hay gustos que merecen palos",* pero *"En la variedad está el gusto".* Al tratarse de objetos útiles o que tienen un cierto valor sentimental, no queremos deshacernos de ellos porque nos traen un recuerdo o tienen un significado especial y por éso mismo: *"Cada viejo alaba su bastón"* haciendo elogios de sus cualidades y lo que representan.

En el desempeño de un oficio o profesión, primero es necesario aprender, capacitarse y pulir las aptitudes por medio de la práctica, en ocasiones lo indispensable es tener una gran vocación, esa entrega apasionada que es indispensable al tratarse de las carreras médica, magisterial o el sacerdocio. *"Aprendiz de todo, oficial de nada"*, cuando una persona quiere aprender pero no se decide por alguna especialidad, que *"Lo que sirve para todo, no sirve para nada"* y *"Zapatero, a tus zapatos"*, porque aunque se trate de un sencillo oficio es conveniente aprenderlo bien, sabiendo que en cada actividad se presentan ciertos peligros, que en lenguaje coloquial se dicen *"Gajes del oficio"* y ahora se les llama riesgos laborales, porque es común que el carnicero a veces se haga heridas o cortadas, quien plancha alguna ropa, al igual que al cocinar, sufra dolorosas quemaduras, o el carpintero le dé un martillazo a un dedo, en fin que para todo se recomienda tener cuidado y aprender bien la manera de trabajar para no sufrir esos lamentables accidentes de trabajo.

En mi niñez había algunas personas que ofrecían sus productos o su trabajo a base de fuertes voces o sonidos en las calles, eran comunes los "merolicos" que tenían la gran habilidad de llamar la atención a la gente que iba pasando y los invitaban a acercarse, cuando reunían a un grupo considerable de personas comenzaban a ofrecer las maravillas de sus artículos, tratando de convencer a los posibles compradores con su labiosa oferta en plena vía pública. De igual manera pasaban los "ropavejeros" que igual que en la canción de "Cri-Cri", compraban y vendían toda clase de "cachivaches"; llegaban los lecheros casa por casa primero a lomos de un burrito o una mulita, o en un carrito jalado por los mismos animales, después llegó la modernidad de ir a bordo de camionetas, distribuyendo la leche "bronca", recién ordeñada y casi siempre muy "bautizada", es decir que le agregaban agua para hacerla rendir, lista para hervirse antes del consumo y se guardaban las natas para después aprovecharlas para preparar el famoso pan de natas y otros platillos tradicionales, hasta que llegó el sistema de pasteurizarla y venderla envasada y debidamente refrigerada por lo que se dice que: *"Aguadores y lecheros, del agua hacen sus dineros"*. Por las mañanas escuchas estridencias que te hacen brincar en la cama, al pasar por las calles los camiones que distribuyen cilindros de gas, con gritos destemplados anuncian: el gaaasss! O en determinados días al pasar los recolectores de basura, haciendo sonar la campana y al grito de La basuraaaaa!, para que salgan a dejar sus bolsas al paso. En el transcurso del día pasan algunos vendedores muy luchones que ofrecen frutas de la estación y te obsequian una pieza o un trozo para que pruebes la calidad de sus mercancías con el delicioso sabor de México, el calor de nuestra gente. En bicicleta va el afilador, que además de usar un silbato, haciendo su pregón: "tijeras, cuchillos qué afilar" todavía en mi ciudad siguen haciéndolo y en un viaje a Playa del Carmen, visitamos a unos familiares y al atardecer, comenzaron a pasar los "panaderos" que a bordo de sus bicicletas, dan sonoras palmadas para anunciar a las familias que llevan el "pan de cada día"; un poco más tarde llamó nuestra atención el fuerte sonido de un amplificador que anunciaba con una grabación una antigua canción que cantaba el cómico Adalberto Martínez, mejor conocido como Tin-Tan, "el pan, panadero con el pan" y en graciosa letra daba una amplia variedad de los tipos de pan dulce, que ofrecen a la venta.

Mi señor Padre tenía un amigo-cliente de Querétaro, que era un hombre muy fino y amable llamado Fernando Loyola y a veces pasaba por mi casa a saludar a la familia, en ésos días era tan pequeña que me divertía jugando con un carrito de madera con un burrito, por ese tiempo estaba de moda la canción "La burrita" cantada por el ídolo de México, Pedro Infante y yo repetía la letra, de tal modo que el Sr. Loyola preguntaba por "Aquimichú" refiriéndose a mi personita. Estos dulces ecos del pasado salen a relucir recordando aquellos lejanos tiempos que disfrutamos muchas personas de esa época que se recuerda de manera muy nostálgica, porque llenaron todo un pasado común.

Los niños en sus primeros años tienen una facilidad muy notoria para aprender e imitan lo que ven y repiten todo lo que escuchan, de manera que su vocabulario se expande si les enseñamos palabras y conceptos diferentes, lo mismo que es bueno que vayan desarrollando todas sus facultades en esa primera etapa, pero a medida que pasan los años ya no se muestra la misma facilidad y se expresa que *"Chango viejo no aprende maroma nueva"*, lo que no debe ser una norma rígida, puesto que haciendo un esfuerzo, poniendo atención y un poco de paciencia, podemos aprender cosas nuevas que nos dan satisfacciones. Hace cinco años estuvimos unos meses en San Antonio, Tx., mientras mi esposo se iba al trabajo, me pasaba la mayor parte de la mañana en el hotel y trataba de entretenerme tejiendo algo, cuando las mucamas llegaban a hacer la limpieza, les llamaba la atención mi pasatiempo; una de ellas un día me pidió que si podía compartir un poco de mi tiempo con su suegra, quien venía de El Salvador y también le gustaba tejer, yo accedí y a los pocos días me presentó con doña Gabriela, una señora muy agradable, simpatizamos y nos hacíamos mutua compañía, luego de varias sesiones de tejido, me dijo que estaba muy agradecida conmigo y que deseaba mostrarme algo que ella sabía hacer, me mostró muchos papelitos cortados en tiras y algunas tarjetas con bonitas figuras realzadas que formaban flores, dicha artesanía se llama "filigrana en papel", me sugirió que podía enseñarme la técnica si yo quería, acepté y pusimos manos a la obra, pocos días estuvimos practicando porque cada una teníamos que volver a nuestros domicilios. Me agradó mucho seguir haciendo dichas tarjetas y con un poco de práctica he seguido adelante, con cierta creatividad para crear figuras delicadas, a la vez que tengo el placer de obsequiar a las personas que tienen alguna atención conmigo o incluso me han hecho pedidos que con mucho gusto les hago.

En mi temprana edad escuchaba decir: *"Candil de la calle, obscuridad en su casa"*, porque nos esmeramos en el trato que damos a amistades y extraños, siendo gentiles y amables, pero en la casa, donde están los nuestros somos muy distintos, sin mostrar consideración y lo recomendable es que los buenos modales, el respeto y la buena educación deben estar presentes en todo momento. *"No hagas a otro lo que no quieras que te hagan a ti"* lo cual es una fórmula casi mágica, junto a otra que no tiene vuelta de hoja: *"Que en el modo de pedir, está la manera de dar"* porque no es lo mismo exigir de manera déspota a pedir de buena manera, enseñando que los buenos modos dan buenos resultados.

En relación a los oficios de las personas hay muchos dichos, oportunos a cual más, como *"Al mejor cocinero, se le va un ajo entero"* expresando que por muy experto que sea alguien, siempre sucederá que cometa una equivocación por cualquier motivo, por lo cual debemos aceptar que *"En casa del jabonero, el que no cae, resbala"*, refiriéndose a que en este mundo todos estamos expuestos a cometer errores, todos tenemos defectos y por lo mismo, propensos a caídas, resbalones y descalabros, que significan errores y fracasos, por lo que no nos hemos de sentir superiores a nadie, ya que en cualquier momento de nuestra vida podemos sufrir lo mismo que censuramos en otros. *"En casa del herrero, azadón de palo"* es tan cierto que podemos carecer de algo relacionado con la actividad que desempeñamos y que sería natural que tuviéramos a la mano, pero por alguna circunstancia llamada olvido o descuido no lo tenemos a nuestro alcance. En cuestión de oficios, a quién no le habrá sucedido que después de ser llamado con urgencia para atender una emergencia, ya sea como un favor o como un servicio, que en vez de agradecerle su eficiencia y atención se le trata mal o no se le remunera adecuadamente, por lo que **"Después de un buen servicio, un mal pago"**, no se vale ¿verdad?.

La casa es nuestra vivienda, el hogar, con frecuencia se menciona en estas frases porque es nuestro espacio, donde desempeñamos muchas de nuestras actividades, es nuestro refugio y allí nos sentimos protegidos y gozamos de tener nuestras pertenencias a la mano y **"Más sabe un loco en su casa que un cuerdo en la ajena"**, pero dicen que **"Quien de su casa se aleja, nunca la encuentra como la deja"**, lo cual es absolutamente cierto, al dejar la casa cerrada o encargada con alguien que la cuide, al regreso siempre hay novedades, no siempre agradables. Mucho se decía **"El que se fué a bailar, perdió su lugar"**, o **"El que se va a la Villa, pierde su silla"** y sigue siendo actual, porque al estar en un lugar muy concurrido, si no disponemos de asientos numerados y nos descuidamos, en cualquier momento habrá alguien que se apropie del lugar que teníamos. Siempre disfrutamos regresar al hogar, porque aunque visitemos lugares hermosos, escenarios maravillosos, buenos y lujosos hoteles, conozcamos o veamos a personas buenas y amables que nos atiendan muy bien, no hay como la sensación de estar en casa, en esa privacidad que nos hace disfrutar nuestra cama, un rinconcito especial que nos satisface el sentido de propiedad, por pequeña o sencilla que sea.

"Lo que no puedas ver, en tu casa lo has de tener", si algo nos desagrada de una manera muy especial, parece absurdo que en la propia casa o en nuestra familia tengamos ese detalle que nos disgusta o que nos hace sufrir y como todo es posible: **"¿Quién a tu casa vendrá y de ella te echará?"** nunca se sabe, en las vueltas que da la vida y todo puede suceder cuando hay hijos ingratos que desconocen a sus padres y los despojan de los bienes materiales, además del gran dolor ocasionado.

El hombre, el varón, no debe abusar de su fuerza porque el machismo es una conducta totalmente absurda y equivocada que sólo causa dolor al menospreciar a la mujer, que vale igual como persona. Al contrario, el hombre civilizado, que es educado correctamente no se aprovecha de su condición, sino que procura protección y ayuda no sólo a las mujeres, sino a niños y débiles, éso lo hace crecer como persona, haciendo a un lado esa violencia machista que caracteriza a seres primitivos, faltos de consideración, que por todas partes del mundo se ven y que en algunos países forma parte de sus tradiciones, nada se pierde con mostrar respeto y consideración.

"El que es buen hijo, es buen marido" así debería ser siempre, honrando a los padres que le dieron el ser y protegiendo a las personas que dependen de un jefe de familia. Al avanzar por la vida y formar una familia, no sólo debe bastarse a sí mismo, sino ser responsable de cuidar y mantener en buen estado lo que forma su patrimonio porque: *"El que tiene coche, casa y mujer, siempre tiene algo qué componer"* de otra manera, el que no cuida sus cosas ni cumple con sus obligaciones, llega el momento en que se encuentra en mayores dificultades y se le complica la vida.

Decía mi Padre: *"Hay un lugar para cada cosa y cada cosa en su lugar"* formando en nosotros el concepto del orden que cada persona debe tener dondequiera que va y lo conveniente que todo esté correctamente organizado de la manera que fácilmente sepamos dónde se encuentran las cosas necesarias, dando además una buena imagen, porque el desorden es semejante al caos y en México se acostumbra decir que *"Todo cabe en un jarrito, sábiendolo acomodar"*, mencionando que aunque sea un lugar pequeño, se pueden guardar las cosas con un poco de cuidado o de ingenio.

Si un preparativo no resulta como se había planeado, deseando que resultara muy bien y llega a suceder algo inesperado, decimos *"Nunca falta un prietito en el arroz"*, ese ingrediente básico, de la cocina internacional, que se prepara de muchas maneras, también es tema muy común en la manera de hablar a diario, el lenguaje común que usamos en distintos países de habla hispana y que heredamos de los conquistadores que vinieron a América, dejándonos muchas costumbres que nos identifican; los colombianos, argentinos, chilenos, peruanos, mexicanos y de otros países conocen muchos de los mismos refranes, a veces con algunas variaciones, pero en el fondo significan lo mismo, salpicados además con frases picantes o chuscas, según la ocasión.

Si oyes que *"Este arroz ya se coció"* es para decir que todo está preparado o listo no sólo en la comida sino también en otras circunstancias; y ya que andamos por los rumbos de la cocina, es muy común expresar, *"Donde quiera se cuecen habas"* ya que es un guiso que se elabora en distintos países y se relaciona con que las situaciones humanas son comunes en variadas regiones del mundo;

y si hablamos de queso, que es otro delicioso alimento, que se conocen innumerables variedades del mismo y se puede combinar de mil maneras, habiendo quesos tan sencillos como el queso fresco y otros más elaborados, dignos de la mesa más elegante, pero al decir *"No quiero queso, sino salir de la ratonera"* simplemente lo único que deseamos es estar fuera de una situación complicada. Se sabe perfectamente que donde mucha gente participa de manera desorganizada no se obtienen buenos resultados, por tal motivo en la cocina o en otros asuntos siempre debe haber una cabeza, un dirigente, un jefe responsable de que no falten los ingredientes y que el tiempo necesario para la preparación de los platillos sea tomado en cuenta, por esa razón *"Muchas manos en un plato hacen mucho garabato"*, que se aplica lo mismo para otro tipo de asuntos, en el mismo orden se usa la expresión *"No metas tu cuchara"* para que un inexperto no participe en algo que no sabe y de manera imprudente esté interrumpiendo. *"Sale más caro el caldo que las albóndigas"* está relacionado con el costo de un platillo en apariencia económico, pero al tiempo de ir agregando ingredientes aumenta mucho su precio, igual que puede suceder al adquirir algo que a simple vista no es costoso pero necesita de aditamentos que incrementan su costo inicial.

En otro tipo de asuntos principalmente de la administración pública o sea que algunos quienes manejan los dineros del pueblo, es fácil que se malversen los fondos y que las cuentas personales crezcan de manera exagerada, llegando al enriquecimiento inexplicable, por éso se dice que *"Se sirvió con la cuchara grande"*, de manera generosa reparten lo que no es suyo y gastan lo que no han ganado con su trabajo. *"El que parte y reparte se queda con la mayor parte"*, es la misma historia, porque se controlan al distribuir hacia los demás, pero no se miden cuando se trata de la porción personal, muy en especial cuando de funcionarios públicos se trata y los dineros ajenos reparten. Puede ser o no, cada quién juzgue desde su experiencia personal.

Con mucha frecuencia sucede que un hombre de cierta edad, por no decir viejo, le pone encima el ojo a una mujer joven, se dice con ironía que *"Para gato viejo, ratón tierno"* en directa alusión a la diferencia de edades y a la experiencia acumulada para seducir o envolver a la chica en cuestión. Si te llegas a meter en un asunto complicado, llega la recomendación *"No le busques tres pies al gato, sabiendo que tiene cuatro"*, tan simple es que no te metas en problemas.

Sabemos bien que hay personas que tienen bienes materiales en abundancia y cuando llegan a perder algo, ya sea un objeto material o parte de su fortuna, suele hacerse el comentario *"Es como quitarle un pelo a un gato"*, así la comparación tan fácil de comprender.

En vista de otra situación, algo que se repite, como si fuera una película, alguna conversación, los sucesos diarios que se difunden a través de los medios de comunicación y siempre es lo mismo, decimos que *"Es la misma gata, pero revolcada"*, porque no hay cambio alguno. Debido a la obscuridad nocturna perdemos un poco la apreciación visual, ya que predominan las sombras, lo cual nos impide tener una imagen clara de lo que vemos, por lo que *"De noche, todos los gatos son pardos"* y lo que aparenta ser de una manera durante las noches, al día siguiente lo apreciamos diferente, por éso mismo se dice que *"Lo que de noche se hace, de día aparece"* en referencia a que se quieren ocultar hechos sucedidos al amparo de las tinieblas, pero a la luz del sol puede ser descubierto el asunto. En el lenguaje cotidiano es común decir *"Aquí huele a gato encerrado"* y no es precisamente por el mal olor que caracteriza a los felinos cuando se quedan encerrados y no pueden salir a hacer sus necesidades, sino por la sospecha de un problema que se pretende disimular. *"Cuando el gato duerme, los ratones hacen fiesta"*, porque hay personas que al tener bajo su responsabilidad un cargo de vigilancia especial y llegaran a descuidarse, entonces los subordinados, empleados, escolares o presos, aprovechan para cometer algún tipo de abuso o incluso escapar.

Desde tiempos muy antiguos el ser humano se rodeó de animales, los domesticó, los entrenó y los usó para su beneficio, siendo compañeros, ayudantes, vigilantes y mucho más, por lo cual tenemos mucha simpatía por algunos animales que se acostumbra tener como mascotas y conviven de manera muy agradable con sus dueños: peces, aves, conejos, caballos y otras especies, pero los perros y los gatos de una manera muy especial por su instinto y capacidad para comprender las necesidades y el lenguaje de los humanos, son tan inteligentes que sólo les falta hablar aunque tienen su manera de expresarse y nos comunican sus deseos o necesidades.

Los gatos son elásticos y sigilosos, muy mimosos y juguetones, tienen una curiosidad instintiva y son muy independientes, se acostumbraba darles nombres alusivos como Micho, Minino, Silvestre, Pachá, Tigre, Micifuz, etc. y a los perros, leales y buenos compañeros también se les daban nombres como Rex, Sultán, Capitán, Káiser, Solovino, Pelusa,

Rintintín, o Lassie, recordando a célebres perritos de la TV, ahora como todo cambia, les dan nombres de personas, lo cual me parece falta de respeto los llaman Oscar, César, Valentina, etc. Desde mi infancia disfruté el tener mascotas en casa, que nos proporcionaron compañerismo y alegrías, mi primer cachorro fué un pequeño perro maltés que en mi adolescencia Papá me lo regaló en una cajita, era blanco y solo tenía la punta de la nariz negra. Se llamaba Capullo y era inteligente y gracioso. Antes de que yo llegara a la casa, él advertía mi cercanía, fué mi inseparable amigo que corría detrás de mi bicicleta durante largos recorridos por las calles de la colonia Renacimiento, después de los cuales llegábamos a casa con la lengua de corbata, a cual más de cansados y asoleados.

Con mucha frecuencia usamos la expresión *"Parecen perros y gatos en un costal"* a los chiquillos latosos y peleoneros, por el ruido y la riña que se traen. *"El gato escondido y la cola de fuera"* al tratar de disimular algo y no tener suficiente cuidado, mostrando una evidencia que se desea ocultar y no falta quién tiene un especial sentido detectivesco que haga el descubrimiento, tal vez hasta diga *"A otro perro con ese hueso"*, porque no se tragó el engaño. Hay casos en que una persona tiene ambición por algo, y no se conforma porque desea otra cosa valiosa a la misma vez y tal vez no tuvo la determinación en el momento adecuado, por lo cual se afirma que *"Se quedó como el perro de las dos tortas, sin una y sin otra"* en semejanza con el perro de la fábula, que al mirarse en el espejo del agua con un hueso, quiso tener el que vió reflejado y soltó el que traía, confirmando que *"La ambición rompe el saco"*; en alguna ocasión hemos sabido de personas muy agresivas, que no respetan ni a los de su propia sangre y se aplica un dicho *"De que la perra es brava, hasta los de casa muerde"* demostrando que un animal bien adiestrado y noble es a veces superior a humanos que no tienen esas cualidades. *"Perro que ladra, no muerde"*, relacionado con que hay quienes fanfarronean de ser valientes pero a la hora de demostrarlo, son como corderitos.

También hay frases como *"Cuando digo que la burra es parda, es porque traigo los pelos en la mano"*, tengo la certeza absoluta, la evidencia que demuestra lo declarado. Los burritos eran muy comunes en las poblaciones rurales como fuerza de carga, fuertes y muy sufridos, ahora dicen que están en peligro de extinción, porque todo se ha modernizado, pero *"La burra no era arisca, la hicieron los palos"*, si predomina la violencia o se pretende imponer la fuerza, no queda más que la desconfianza, generando un ambiente de hostilidad que no es nada favorable en cualquier situación. Si alguien comienza a criticar en otra persona un defecto o falta evidente en sí mismo se dice *"El burro hablando de orejas"*. O en algún momento nos quejamos de un trabajador que aunque sea valioso tal vez hemos tenido una pequeña dificultad nos recomiendan que *"Es mejor burro qué arrear, que carga qué llevar"* para valorar la ayuda recibida.

En el zoológico vemos a los animales feroces enjaulados, en los circos nos presentan fieras domadas o entrenadas de alguna manera que nos hacen admirar el espectáculo, pero cuando vemos documentales grabados en la selva, que es el hábitat de los animales salvajes, nos damos cuenta de las costumbres de esos animales, que matan para comer, pero tienen sus propias sociedades que les permiten sobrevivir porque obedecen a sus sabios instintos.

"No es el león como lo pintan" ya que los leones han sido imagen de realeza y majestad, a través de los siglos y en distintas culturas por su misma condición de bravura o fuerza, pero son fieras salvajes, cazadores natos, así *"El león cree que todos son de su condición"*, alguna persona que tiene malas inclinaciones o tendencias siempre opina mal o desconfía de otras personas, es mejor tener un equilibrio a la hora de opinar porque el dejarse llevar por un impulso ocasiona problemas y de una manera desapasionada conocer a otros, porque *"Amor y aborrecimiento, no quitan conocimiento"*.

Hay muchas ocasiones en que nos dan un buen consejo y se nos recomienda *"No lo eches en saco roto"*, porque quizá no le damos importancia a lo muy valioso que significa escuchar y seguir las instrucciones. Todos hemos soñado alguna vez, quizá muchas veces el tener dinero y éxito, buena vida, éso creemos que sea lo mejor, pero para realizarlo es conveniente saber que *"Si quieres dinero y fama, que no te halle el sol en la cama"* muy semejante a aquel otro que dice: *"A Dios rogando y con el mazo dando"* repitiendo que la pereza no es recomendable y en cambio el trabajo y la constancia rinden buenos frutos.

El ser humano es una maravilla por todas las funciones y habilidades que puede adquirir, desarrollar y otras que vienen en el paquete genético que recibimos y aunque nos parecemos a nuestros padres y hermanos, somos diferentes, individuales y con características especiales que nos distinguen. Tenemos corazón que late, un cerebro que piensa (a veces) y que es una computadora maravillosa que desarrolla múltiples funciones, tenemos sentimientos y emociones que nos permiten apreciar lo que nos afecta, lo positivo y lo negativo; nuestra alma inmortal está dotada de algunas potencias muy particulares: libertad, memoria, entendimiento y voluntad, que nos elevan hasta donde nosotros queramos llegar, ya sea a las alturas o a los abismos. Algunas personas que han sido privadas de su libertad, especialmente a causa de sus ideales, tienen una voluntad tan recia que aunque estén confinadas tras las rejas deciden que son libres de pensar dando muestra de su fortaleza.

La memoria es una facultad que nos acompaña a través de las situaciones que vamos enfrentando, se dice que es una de las potencias del alma, es un valioso archivo, es necesario cuidarla y ejercitarla, pero llegan tiempos en la vida que se pierde y juega bromas muy pesadas, como la enfermedad de Alzheimer que provoca la pérdida de los recuerdos, dicen que quien sufre ese triste mal está como muerto en vida. Con los años se nos borran algunos recuerdos y decía mi Madre, quien disfrutaba de una sorprendente lucidez que no perdió *"La memoria se me va a los llanos de tú te irás y no volverás"*, pero a veces solamente es confusión o distracción, porque no pone uno la atención necesaria.

Tenemos cinco sentidos: vista, oído, olfato, gusto y tacto, son muy necesarios, que nos permiten apreciar todo lo que nos rodea, son buenos vigilantes que nos avisan de peligros, que nos dan satisfacciones, pero además algunos estamos provistos de un sexto sentido, que es el menos común de los sentidos, es una fina percepción de lo que no podemos ver, ni oir, ni es tangible, algunas personas huelen el peligro, esa sensación indefinida nos avisa de circunstancias muy especiales que nos pone en alerta. Dicen que la intuición femenina es muy aguda y hay quienes la desarrollan de manera especial, también las mujeres tenemos aptitudes para atender varias cosas a la vez, como hablar por teléfono y cuidar un chico al mismo tiempo, platicar y atender otra cosa, estamos como se dice *"Con un ojo al gato y otro al garabato"*.

En distintos países de América hay una extensa población de indígenas pertenecientes a diferentes etnias y en México a pesar del mestizaje aún se identifica a dichas personas por su manera de hablar, de vestir, por su cultura y se les margina; hay muchos dichos desde hace mucho tiempo relacionados con el tema, dicen que

"Cuando el indio encanece, el español no aparece", porque los indígenas son muy fuertes y longevos, además de que no es común que tengan canas. *"Cuando el tecolote canta, el indio muere"*, es una manera tradicional que los indios le adjudican poderes a las aves y a algunos animales. Muchas veces decimos que los indios son necios porque ven las cosas de manera distinta, debido a sus costumbres ancestrales y cuando alguien tiene mucho trato con ellos y la relación a veces no resulta muy cordial, entonces *"No tiene la culpa el indio, sino quien lo hace compadre"*, debido al choque de culturas que han cambiado el sistema tradicional de los indígenas por lo que ellos tienen su estilo de hacer las cosas, a veces surge el comentario *"No es fácil amar a Dios en tierra de indios"*, sin tomar en cuenta que los indios son los dueños originales de toda América y los conquistadores llegaron a invadir a invadir sus territorios y despojarlos de sus riquezas y modificar sus costumbres ancestrales y de repente decimos *"Ay Chihuahua, cuánto apache, y estos indios de huarache"*..... es una expresión muy conocida en México, un tanto pintoresca. En la Historia de México hay indígenas que fueron famosos, tuvimos un Rey Poeta llamado Netzahualcóyotl; y Cuauhtémoc, el último emperador azteca, a quién Hernán Cortés torturó quemándole los pies para que le dijese donde estaba el tesoro codiciado y cuando otro compañero suyo se quejó, Cuauhtémoc que sufría con estoico valor le contestó: *"¿Acaso crees que estoy en un lecho de rosas?"* frase inolvidable que se repite en distintas ocasiones para decir que no se quejen por algo cuando otros sufren lo mismos o peor y no se lamentan. También una mujer indígena sirvió como intérprete a Hernán Cortés y la Historia la recerda como la Malinche. Un consejo muy digno de tomarse en cuenta es *"No te fíes de indio barbón, ni de gachupín lampiño, de mujer que hable como hombre, ni de hombre que hable como niño"*, ¿quedó claro? Para que no resulten sorpresas.

"El que nada debe, nada teme" porque con la conciencia tranquila no hay temor de que te acusen de algo o te ataquen por las malas acciones y si se trata de deudas, es necesario pagar, con sentido de responsabilidad y para tener un buen prestigio, sin necesidad de esconderse de los acreedores. *"Las cuentas claras y el chocolate espeso"*, es lo que debe ser y dicen que *"Cuentas claras, amistades largas"* al recibir un favor o contraer un compromiso, se debe cumplir con mayor motivo viniendo de una amistad para que no se pierdan la estimación y la confianza.

Hay quienes tienen la afición, que a veces se convierte en vicio por los juegos de azar, es decir jugar cartas o cualquier otro tipo de apuesta y se sabe que *"Las deudas de juego son deudas de honor"* por éso más vale no enviciarse en una actividad que al principio parece inocente, pero luego es muy difícil eliminar. Cuando de juegos se trata, los juegos infantiles, que nos hacían pasar buenos ratos y jugábamos en casa los hermanos, con los amigos en la escuela o en el vecindario, pero cuando llegaban a las manos decía Papá *"Juego de manos, es de villanos"*, porque los juegos bruscos se pasan de intensidad y terminan en disgustos.

Decía Mamá que *"De los pescados, el mero; de las lunas, la de Enero y de amores, el primero"*, porque hay variedad de peces, muchos muy sabrosos, pero el mero es exquisito, la luna de Enero es muy grande y brillante por el cielo tan despejado que luce en ese mes del año y la dulzura fresca del primer amor es inolvidable. En cuanto a tiempos, se dice que *"Primero en hechos, primero en derechos"*, mucho tiempo se refería a los derechos de los primogénitos, pero se aplica en otras situaciones y en relación a dar ayuda o regalar algo sobre todo en situaciones de urgente necesidad *"El que da primero da dos veces"*.

En la Biblia hay frases sabias que no pierden actualidad como *"Los últimos serán los primeros"* en clara alusión a los que tratan de aprovechar la oportunidad de estar en un lugar sobresaliente o en la mesa de honor pero no tienen los merecimientos y llega el anfitrión o el encargado y les pide que se cambien de lugar lo cual puede ser bochornoso; en sentido opuesto hay otra frase *"El que ríe al último, ríe mejor"*; todo en la vida puede tener dos caras o dos aspectos: el positivo y el negativo, el pro y el contra, la luz y la obscuridad, las monedas que tienen cara o cruz, águila o sol; los espejos, el sol y la luna, el día y la noche, pero es muy malo que una persona tenga dos caras, que significa hipocresía, una actitud muy negativa, que indica falta de sinceridad. En el aspecto moral existen dos principios; el Bien y el Mal. *"Dar a Dios lo que es de Dios, y al César lo que es del César"*, indicando de manera sencilla que se cumpla con las obligaciones de manera adecuada. El emperador de los romanos era llamado César, y se dice en relación a su esposa *"La mujer del César no sólo debe ser decente, sino parecerlo"* así su presentación y su comportamiento no dejará lugar a dudas. *"No hagas cosas buenas que parezcan malas, ni malas que parezcan buenas"* no dar cabida a la sospecha para que no se malinterpreten nuestros actos y no tener que dar explicaciones a nadie.

El mar es un espectáculo maravilloso y sorprendente, nos asombra con su admirable belleza, el cielo, con luna o con sol, la línea del horizonte, las olas, en calma o agitado, que ha sido la inspiración para pintores de todas partes del mundo y los compositores que han compuesto melodías hermosas que lo describen de distintas maneras..... resulta que el hombre quiere ir al espacio pero desconoce lo que hay en los abismos marinos que parecen insondables en su profundidad, tiene mucha relación con algunas frases que referimos, como *"Hay mar de fondo"* al advertir que hay asuntos muy ocultos y complicados que no se detectan con facilidad. A quienes todo se les hace fácil dicen *"Chiquito se me hace el mar para hacer un buche"*, pecando de fanfarrones o presumidos.

Los océanos son fuente de vida y de alimentación, su gran variedad de especies marinas son motivo de estudio y de admiración para el mundo entero, también deber ser protegidas por el ser humano para que no lleguen a extinguirse, como tantas especies de animales que en un tiempo habitaron nuestra tierra y han desaparecido a causa de la cacería sin ningún control. *"El pez por su boca muere"*, no dejando ninguna duda, porque quien mucho habla, tiende a equivocarse mucho más que el que permanece en silencio, además de que se debe tener congruencia en lo que se dice y lo que se hace, porque *"De la abundancia del corazún, habla la boca"*.

"El pez grande se come al pez chico" en el mar y en la tierra vemos como el mayor se aprovecha del menor, ya sea por su tamaño, por su inexperiencia o falta de malicia, por lo cual *"Camarón que se duerme, se lo lleva la corriente"*, algunos que son demasiado confiados y no tienen precaución, de manera inevitable se dan cuenta que en algún momento de su vida pueden perder lo que tienen. De repente nos desconectamos de la realidad y divagamos en pensamientos lejanos y nos dicen que *"Pensamos en la inmortalidad del cangrejo"* como si fuera una profunda reflexión que nos absorbe.

Fuego, Tierra, Agua y Viento, son los cuatro elementos de la Naturaleza, admirados y venerados desde la antiguedad por ser tan valiosos e imprescindibles para la vida, al depender de ellos para todo los hombres antiguos los cuidaban, los temían y los amaban con gran respeto. En los tiempos actuales disfrutamos con mucha comodidad de los servicios básicos que nos proporcionan agua y fuego para la preparación de nuestros alimentos y en muchos lugares el aire acondicionado que nos proporciona frescura o la calefacción que nos brinda un calorcito agradable en nuestro hogar cuando afuera hace mucho frío; es cierto, se paga un precio por disfrutar esos privilegios que no apreciamos bien hasta que prescindimos de ellos.

En cuanto falta el suministro de electricidad no podemos hacer nada, todo se voltea al revés, no hay iluminación, no hay TV, ni aparatos elétricos, ni computadora; si no disponemos de agua, sentimos gran incomodidad, al descomponerse el aire acondicionado en lugares de intenso calor, sentimos el bochorno y al contrario, en días de extremo frío, sufrimos mucho y deseamos estar abrigados, tomar alimentos calientes que nos provean de calorías o tener un sistema de calefacción. Entonces nos damos cuenta de los privilegios que disfrutamos y nos apena que hay personas en todos los extremos del mundo que sufren por tales carencias ya sea por causa de un fenómeno natural, una tormenta, un tornado o un terremoto, o por la pobreza y atraso en que se encuentran. La pérdida de un ser querido también es una experiencia que nos muestra cuánta falta nos hace y que quizá no apreciamos en su totalidad hasta que ya no los tenemos. *"Nadie sabe el bien que tiene hasta que lo pierde"*.

Cuando alguno de los elementos naturales muestra su furia desencadenada nos sentimos impresionados, pero nos aterra cuando son varios los que se juntan y mayor es la destrucción, pensamos que se va terminar el mundo, es cuando nos aterra contemplar su gran poder y nos percatamos lo pequeños e indefensos que estamos y deberíamos cuidar con esmero nuestro planeta.

En el mes de Agosto de 1973 hubo una temporada de lluvias muy fuerte en el centro del país que llenó al máximo el vaso de la Presa Allende, siendo necesario desfogarla y las aguas desbordadas corrían hacia abajo buscando los cauces naturales, siendo que llegó una avenida muy fuerte hasta la ciudad de Celaya, por ese tiempo venía "en camino' mi hija, quien nació a principios de Octubre, el nivel del agua subió dentro de nuestra casa más de un metro de altura, aunque muchas personas fueron avisadas oportunamente para que tomaran precauciones, el desastre fué muy fuerte; a causa de mi embarazo yo tenía la sensibilidad a flor de piel y el llanto era incontenible, mi esposo trataba de calmarme y me consolaba, diciédome que si seguía derramando más lágrimas sería mayor el caudal, pero en mi angustia le respondía: el poder del agua es incontrolable.

Primavera, Verano, Otoño e Invierno, son las cuatro estaciones que nos regalan distintos climas a través de doce meses, en relación con ellos, también hay frases como *"Enero y Febrero, desviejadero"*, porque en el Hemisferio Norte es Invierno y hace mucho frío que no es nada favorable para la salud de los adultos mayores al presentarse cuadros gripales o complicaciones pulmonares, al llegar los vientos fuertes y mucha variación en el clima antes de que se establezca la Primavera por lo cual se dice *"Febrero loco y Marzo otro poco"*. Hay diversas situaciones que se repiten y asemejan las etapas de nuestra vida, la niñez y la juventud son como las flores de la Primavera, en la madurez nos obsequian cosechas y frutos variados en semejanza con el Verano, luego llegan los tiempos en que las hojas de los árboles cambian de color y se caen a efectos del viento, haciendo un paralelo de nuestra vida en que vamos cambiando de aspecto y perdemos algunos de nuestros seres queridos, finalmente para llegar al Invierno, cuando los adultos mayores también coronan de blanco sus cabelleras, mostrándonos los ciclos de la vida. Varios días de la semana también tienen frases alusivas *"Los lunes ni las gallinas ponen"* muchos a quienes no les alcanzó el fin de semana se toman los lunes para continuar con el descanso y hacen "san Lunes"; para otros el martes tenía algo de maléfico y dicen que *"En martes ni te cases ni te embarques, ni de tu casa te apartes"*, parece estar relacionado con las supersticiones que son creencias absurdas que le dan valor a ciertas cosas cuando las personas no tienen la fe firme ni el conocimiento de Dios.

En mi jornada por la vida he acumulado setenta primaveras, que han dejado su huella, las líneas faciales son más profundas, las sonrisas y las amarguras tienen su propia marca, el cuerpo ha perdido la agilidad y el paso se ha vuelto más lento, estoy en la edad del "Nunca", porque nunca me había pasado lo que me pasa ahora, es lo natural, pero he tenido grandes recompensas y se me han concedido regalos invaluables en su recorrido, evocando al gran poeta Amado Nervo, puedo exclamar: Vida, nada me debes, Vida, estamos en paz......

Mientras más cercana está la meta, mayor es el esfuerzo para llegar, dando gracias por todo lo que he obtenido, las satisfacciones, las enseñanzas, familia y amistades que en el corazón han hecho su nido, vivencias incomparables y únicas, sin importar el desgaste propio ocasionado por vivir plenamente cada situación, mal o bien, improvisando sobre la marcha. En el camino o la carretera es muy importante saber hacia dónde vamos, tener la idea de dónde nos encontramos y sabemos que existen cuatro puntos cardinales: Norte, Sur, Oriente (Este) y Poniente (Oeste), ya sea siguiendo instrucciones o por medio de un mapa, es muy necesario tener ese sentido práctico; anteriormente se usaba la brújula o se observaban las estrellas, ahora también por medio de aparatos de localización geográfica obtenemos la información correcta porque a veces perdemos totalmente el rumbo, pero más que nada nuestra correcta orientación en el camino de la vida, saber hacia dónde vamos, qué es lo que deseamos hacer y seguir las indicaciones que nos proporcionan quienes ya van adelante de nosotros.

"Según el sapo es la pedrada" es muy común que de acuerdo a la manera que nos ven presentados es el trato que se nos da, pero también al hacer una compra en un mercado o "tianguis" popular, donde no se exhiben los precios a la vista, así quieran tratar al comprador, por éso es mejor preguntar en varios lugares, para evitar el abuso. Dicen que "si las piedras hablaran", porque hay lugares llenos de historia, monumentos y edificios muy antiguos, donde han sucedido acontecimientos muy notables. *"Matar dos pájaros con una piedra"*, en referencia a que en alguna ocasión tienes mucha suerte y aprovechas un viaje para arreglar varios asuntos a la vez, ahorrando tiempo, dinero y esfuerzo y combustible, también he escuchado que *"El hombre es el único animal que se tropieza dos veces con la misma piedra"* tal vez porque los animales tienen instintos básicos más sabios que el ser humano.

"El que nunca ha tenido y llega a tener, loco se quiere volver" es el comentario que surge en relación a alguien que vivía en condiciones económicas limitadas y por un golpe de suerte, lotería o algo parecido, tienen riquezas, y ellos mismos se ven deslumbrados con su cambio de fortuna, de igual manera que *"El que nunca ha tenido y tiene, quehacer le viene"*, su vida cambia de una manera inesperada. Por el contrario, alguien que por algún mal negocio o desgracia ha sufrido la pérdida de sus bienes pero vuelve a recuperarse, por sus conocimientos o por su dedicación de manera que *"Tiene más el rico cuando empobrece, que el pobre cuando enriquece"*, en clara referencia al refinamiento y clase que tienen algunas personas de buena posición, lo cual significa buena educación en todos los aspectos, sino también una disposición especial llámese voluntad, carácter o decisión, que

tienen los que sufren un vuelco de suerte, que los motiva para salir a flote, de tal manera que se llegan a sobreponer.

No sólo en estos tiempos se ambiciona el acumular medios, ya hace varios siglos, existió un afamado poeta español llamado Luis de Góngora, que escribió unos versos inolvidables que dicen: *"Poderoso caballero, Don Dinero"*, porque para algunos es la única finalidad y tratan de conseguirlo como sea, por medios muy sucios que llegan al crimen, pisoteando la dignidad de otros, motivados por la ambición, la codicia o la avaricia. Si por alguna razón llega la pérdida de nuestras posesiones, ya sea a causa de algún desastre natural, robo o extravío y tenemos la posibilidad de recuperar algo, decimos *"De lo perdido, lo que aparezca"* ya sea con regocijo o con resignación, aceptando que algo es mejor que nada. En otro aspecto al perder la calma o el control de las emociones y dejarse llevar por la ira o el enojo, es contraproducente *"El que se enoja, tiene dos trabajos: enojarse y contentarse"*, no podemos guardar y rumiar sentimientos negativos que nos causan daño físico y moral porque *"El que se enoja, pierde"* es mejor controlarse, porque una situación difícil puede llegar a complicarse debido a un arranque de furia ya que la violencia siempre genera violencia.

"Las deudas de juego son deudas de honor", al llevarse por el vicio o inclinación a los juegos de azar, hay quienes apuestan fuertes cantidades y llegan a perder hasta la camisa, porque aunque se diga que es juego, pues *"Al jugar y perder, pagar y callar"*, dicen que los buenos jugadores saben el momento en que es necesario retirarse de un juego que se puede tornar peligroso, hasta el caso de apostar la mujer o la propia vida, quedando en la miseria por dejarse llevar por la ambición desmedida. En el asunto de las deudas, más vale llevar un control para no perder el crédito, no excederse porque muchos se arruinan por los compromisos que adquieren de manera irresponsable y al no solventarlos dicen *"Debo, no niego, pago, no tengo"*, por lo cual se cierran las puertas, creando mala fama. *"Lo prestado es pariente de lo dado"*, quien presta dinero en efectivo o un objeto, que no esté respaldado por una buena garantía se arriesga a perder lo que su buena voluntad o buena fe lo motivaron a sacar de apuros.

"Muchos gritos y nada de ópera" si no comprendemos lo que sucede y no podemos interpretar una situación un poco alterada, o también al hacer muchos preparativos y hacer un alarde exagerado, a la vista de resultados poco favorables.

En nuestro camino por la vida, hacemos un viaje maravilloso que nos orienta hacia una meta, atravesando caminos rectos y sinuosos, suaves o escabrosos, tiene trayectos agradables y otros difíciles que vamos sorteando o cruzando, a veces debemos evitar y buscar un atajo; la mayor parte de las ocasiones tenemos compañeros que nos indican el camino, como nuestros padres y maestros; otros que lo hacen placentero, como nuestros hermanos y amigos y al contrario, nos vamos encontrando a algunos que parecen gozar al ponernos piedras que nos dificulten el avance y no podemos ir hacia atrás, tenemos que seguir de frente, sabemos que *"Se hace camino al andar"*, vamos abriendo una brecha cuando no la hay. Si has escuchado que *"No hay atajo sin trabajo"*, dando a entender que con la firme decisión de alcanzar una meta o propósito a pesar de las dificultades. *"Los caminos me los quitarán, pero las veredas ¿cuándo?"* expresando el firme deseo y la voluntad de avanzar a pesar de las dificultades, se impone el instinto de sobrevivencia, con la firme decisión de llegar a un objetivo trazado de antemano. *"Quien habla del camino, es porque lo tiene andado"* y es conveniente aprovechar las recomendaciones que nos facilitan el avance, aprovechando la información y los conocimientos de los que van adelante.

Hay personas que tienen una voluntad férrea, que se sobrepone a los problemas duros y muchas veces de la misma desgracia y desde una situación poco ventajosa imprimen su carácter para lograr sus deseos, *"El que no arriesga, no gana"*. Se comenta que *"Sacan fuerzas de flaqueza"* porque aún en desventaja sacan fuerza de lo más profundo para seguir luchando, a semejanza de la legendaria Ave Fénix que se levanta de sus cenizas, muchas personas también lo hacen, para mí hay ejemplos sobrados, que están vivos y patentes en países como Japón y Alemania. Los habitantes de dichos países sufrieron el horror de guerras terribles que les arruinaron, pagando fuertes costos de vidas y dolor, pérdidas económicas que parecían haberlos derrotado, sin embargo se organizaron para reconstruirse y venciendo las adversidades surgieron y muestran grandes adelantos en educación, economía y política, por lo que son dignos de admiración y modelos a seguir.

"Si la montaña no viene a tí, tú ve a la montaña", no podemos pretender que las cosas se hagan solas, debemos hacer un esfuerzo, que al lograrlo es un triunfo obtenido que nos llena de orgullo y de satisfacción y al recorrer el camino observamos que muchas personas

han vencido obstáculos muy difíciles porque tienen un espíritu muy fuerte habiendo otros a quienes todo se les ha facilitado, de repente se dan por vencidos, no enfrentan las situaciones difíciles y se dejan derrotar. *"Lo que no te mata, te fortalece"*, es absolutamente cierto, porque hasta en el aspecto físico, estamos provistos de los anticuerpos, que forman parte del sistema inmunitario natural, son fuertes defensas que nos ayudan contra los enemigos que nos atacan, ya sean algunos alimentos o factores climáticos adversos.

El ser humano se adapta o trata de adaptar algunos lugares por inhóspitos que parezcan, *"O te aclimatas o te aclimueres"* con buen sentido del humor, pero al paso de los últimos años se han extremado las condiciones climáticas en todo el Planeta, por el "efecto invernadero", que ocasiona fenómenos cada vez más fuertes. Ciclones, tornados, tormentas, tifones, huracanes, nevadas, terremotos, erupciones volcánicas, sunamis, granizadas, inundaciones y sequías, toda una gama de calamidades naturales que muestran la furia de la Naturaleza y arrasan con fuerza todo lo que tocan, destruyendo a su paso pueblos enteros, cambiando el nivel del mar, erosionando tierras fértiles y llevándose la vida de miles de gentes

Ante la presencia de algún fuerte fenómeno natural en la época de mi niñez, Mamá exclamaba *"Jesucristo, aplaca tu ira"* y hacía oración fervorosa para que pronto pasara y volviera la calma habitual. Cuando la Naturaleza está tranquila y nos muestra su placidez y belleza a nosotros nos llega también un estado de admiración y deberíamos estar en armonía con el Universo, porque somos parte de él. *"Los ríos siempre van a dar al mar"*, siguen su cauce y sus aguas dulces llegan a la inmensidad del mar donde se funden, se abrazan y dan vida a infinidad de criaturas. Hay campañas de concientización que nos conducen a ahorrar y cuidar el agua, sin contaminarla, ni desperdiciarla, porque nos damos cuenta de su gran importancia y de que hay lugares donde sufren por su escasez, de ahí salió una campaña nacional que decía *"Gota a gota, hasta el mar se agota"*, formando una conciencia de ser responsables de los recursos naturales, por lo mismo *"Más vale gota que dure y no chorro de repente"*, de nosotros depende el cuidado y la conservación de todo lo que nos rodea para seguir disfrutando de la maravilla de la creación. *"Siempre hay una gota que derrama el vaso"*, porque en la vida cotidiana suceden cosas que nos incomodan y aceptamos con cierta paciencia hasta que sucede que ya no es posible seguir soportando sin queja ni comentario, ese momento llega y es cuando nos decidimos a poner un alto para que cambien y se remedien dichas situaciones. En lenguaje familiar, estando en confianza nunca falta alguien que nos está fastidiando de manera constante y nos tiene *"Hasta el copete"*, le decimos *"Ya me llenaste el hígado de piedritas"* para que nos deje de molestar o se atenga a las consecuencias, así en cuanto anunciamos que algo va a suceder decimos *"Sobre advertencia no hay engaño"* para no se sorprendan ni vengan con reclamaciones fuera de lugar. Dicen que *"Tanto va el cántaro al agua, hasta que se rompe"*, en situaciones que se repiten constantemente y se supone que nada puede suceder, llega el momento menos esperado, también suele exclamarse que *"El hilo se revienta por lo más delgado"* porque todo tiene una parte más delicada o débil, dando a entender que hay un límite para todo y no es prudente rebasarlo. Hay personas muy especiales que están dotadas de virtudes como la paciencia, la calma, el control, el respeto, la tolerancia, la bondad, que nos dan ejemplo, pero llegan a un extremo en que saltan cuando la causa es justa y no se pueden soportar injusticias y abusos, por lo que se dice *"Siempre hay una gota que derrama el vaso"*. Y también conocemos a personas complicadas que se amilanan frente a los problemas cotidianos, a quienes se les cierra el mundo y no encuentran la solución porque *"Se ahogan en un vaso de agua"*.

La mayor parte de los seres humanos desarrollamos una tendencia general que es el deseo de llevarse bien con la otra parte, conviviendo en medio de la armonía y el respeto de normas y leyes que deben establecerse aún en medio del ambiente familiar; sabiendo que además hay otras reglas que rigen de manera general, comenzando por los Diez Mandamientos, que de manera sencilla aprendemos desde pequeños como norma de vida. Después han surgido legisladores que uniendo distintos conceptos forman un régimen a seguir según el país o lugar en donde vivas, pero dicen que *"El que hizo la ley, hizo la trampa"*.

En todos los tiempos han surgido seres excepcionales que nos han mostrado su manera particular de vivir y pensar, dando un testimonio directo a través de su vida y filosofía, ya sea por medio de un libro o varios, siendo seres influyentes en distintas épocas, haciendo historia, llegando en ocasiones a ser héroes o mártires en defensa de una causa; se han exhaltado valores como la lealtad que es un gran lazo que da confianza a los amigos; la fidelidad que se dan mutuamente los esposos hasta la muerte; la compasión que nos inclina hacia los que sufren para ayudar y consolar, la consideración, ponerse un poco en lugar del otro para entenderlo; solidaridad es una fuerza que apoya en ciertas ocasiones; la sinceridad que sale del corazón ofreciendo sentimientos verdaderos de manera desinteresada. La búsqueda de la Justicia, para dar a cada quien lo que le corresponde buscando el bien común.

"El respeto al derecho ajeno es la paz", así debería ser en todas partes y el mundo estaría mucho mejor de lo que está, al reconocer que mis derechos no deben estar por encima de los derechos de otras personas. El comportamiento correcto nos lleva a actuar en la dirección justa y tomando en cuenta que *"Hoy por tí, mañana por mí"*, es un deber cumplido que cuando menos lo esperamos da buenos frutos, mientras mayor sea el círculo de bondad que nos rodea es mayor la satisfacción. *"El que por otro pide, por sí aboga"* al interceder por otros, estamos también haciendo un poco a favor nuestro, solicitando que otros resulten favorecidos, la cadena positiva nos alcanza y nos rodea de bondades.

En cuestión de favores, hay que comenzar por nosotros mismos, *"Ama a tu prójimo como a tí mismo"*, es un mandamiento divino, es un gran principio que nos hace reconocernos como personas valiosas con toda la dignidad que merecemos, porque nadie puede dar lo que no tiene y parte de ese amor propio (no el EGO), es la responsabilidad de saber cuidar nuestro cuerpo, sin esperar de manera comodina que otros se hagan cargo de nosotros.

"No hay cosa más buena y más sana que una manzana, cada mañana", procurando una buena alimentación, obtendremos la recompensa de buena salud. Otra recomendación *"Desayuna bien, come poco, cena menos, y vivirás largo tiempo"*, procurando un buen control de nuestros alimentos, con un apropiado balance, que son los que nos nutren y nos dan la fuerza necesaria, *"El melón en la mañana es oro, a mediodía plata, y en la noche mata"*, porque aunque sea fruta, a veces resulta pesada la digestión. *"¿Quién te hace rico? Quien te mantiene el pico"*, la persona que da de comer a otros sin tener la obligación, sólamente por el deseo de ayudar, está otorgando un gran favor, no sólo al regalar la comida sino evitándo un trabajo extra que muchos no toman en consideración ni lo reciben con agradecimiento. Por lo mismo, resulta que hay gente mal agradecida que al recibir un favor reacciona negativamente, *"Limosnero y con garrote"* en vez de pedir con buenos modos, se dejan llevar por el orgullo, mostrando

una actitud grosera y arrogante, por lo cual se cierran las puertas y no es fácil que les den ayuda; dice otra frase *"Te he de dar, pero no te he de rogar"* a veces los niños se ponen difíciles porque no quieren comer porque se encaprichan, *"Se ponen sus moños"* y se aprovechan de la insistencia de los mayores para ofrecerles comida, ante lo cual es mejor no insistir.

Dentro de la gran diversidad que hay entre la gente, se encuentran personas generosas que dan por el placer de hacerlo, que se desprenden fácilmente de sus bienes en favor de otros, una persona muy especial es mi Tía Margarita, quien ha sido espléndida por naturaleza, muy apegada a la religión y practicante de la caridad, llegando al extremo de que por dar todo a los demás prácticamente se quedó sin nada, confiando en que la Divina Providencia le iba a procurar lo necesario para subsistir. Nunca se casó, ni tuvo hijos, pero *"A quien Dios no le da hijos, el diablo le da cosijos"* y estuvo rodeada de algunos sobrinos a quienes cuidó con mucha dedicación. Ella fué modista de alta costura, siendo autodidacta descubrió los secretos de la moda como un gran don, tenía grandes habilidades que eran reconocidas no solamente en la ciudad de Celaya, sino en muchas otras ciudades, sus clientes hacían cita con mucha anticipación, ella les mostraba revistas de París con la última moda y les hacía recomendaciones para elegir el modelo más adecuado a la figura y al presupuesto; de su pequeño taller salían vestidos dignos de reinas, no de artistas, (porque algunas se olvidan del buen gusto y lo único que desean es exhibir sus cuerpos), sus manos cortaban finas telas de seda: shantungs, gasas, tules, organzas, rasos, muarés, brocados, etc., y sus ayudantes bordaban chaquiras, lentejuelas, perlas y cristales, que lucieron quinceañeras, novias, damas del cortejo nupcial y reinas de clubes sociales. Las tiaras, las diademas, los tocados y los ramos tenían toda la exquisitez requerida para complementar los atuendos, ganaba bien, porque su trabajo lo ameritaba, además de su trato tan personal porque ella misma ayudaba a la novia a vestirse antes de salir de su casa hacia la fotografía o la ceremonia religiosa, procurando que no hubiera un detalle fuera de lugar. Tenía muchas amistades, algunas que han fallecido, otras que son personas de edad, favoreció a muchísimas personas de la familia y amistades que por necesidad o por conveniencia se acercaron a ella sólo para aprovechar su buena disposición y ahora que ha llegado a la vejez, que ya no puede valerse por sí misma, no hay entre tantos quién la apoye y la cuide.

Yo sé que ella se siente satisfecha con todo lo que hizo y no esperó recompensa alguna sino la satisfacción personal dando un gran ejemplo a todos los que la conocemos.

Todo tiene un principio y un fin, el Alba que nos anuncia el nuevo día con todas sus sorpresas, con sus afanes, y el Ocaso que al ponerse el sol nos dice que viene la noche, para descansar; en el alfabeto griego existen las letras Alfa y Omega, lo sabemos con certeza, no podemos oponernos a que todo lo que comienza va a terminar y es mi deseo que se termine esta pequeña aportación de memorias que he atesorado por mucho tiempo, les he narrado un poco de lo que he visto y vivido en mi jornada de vida.